*Le fabuleux destin
d'une puissance
intermédiaire*

DU MÊME AUTEUR

L'Innovation au cœur de la nouvelle croissance, Jean-Hervé Lorenzi et Alain Villemeur, Economica, 2009.
Le Choc des populations, Cercle des économistes, sous la direction de Pierre Dockès et Jean-Hervé Lorenzi, Fayard, 2010.
Fin de monde ou sortie de crise ?, Cercle des économistes, sous la direction de Pierre Dockès et Jean-Hervé Lorenzi, Perrin, 2009.
La Guerre des capitalismes aura lieu, Cercle des économistes, sous la direction de Jean-Hervé Lorenzi, Perrin, 2008.

Jean-Hervé Lorenzi

Le fabuleux destin d'une puissance intermédiaire

BERNARD GRASSET
PARIS

ISBN 978-2-246-78506-4

« Il y a des instants dans l'âge des peuples, ceux qui touchent aux époques de transformation, où la nation tout entière s'arrête comme devant un obstacle inconnu, hésite et sent l'abîme au bord duquel elle est arrivée, et qu'elle devine sans voir. La France était dans un de ces moments-là.

« C'était une période où les esprits, amenés par les philosophes vers le vrai, c'est-à-dire vers le désenchantement, se lassent de cette limpidité du possible qui laisse voir le fond de toute chose, et, par un pas en avant, essaient de franchir les bornes du monde réel pour entrer dans le monde des rêves et de la fiction. »

Alexandre DUMAS,
Le Collier de la reine

LES QUALIFICATIFS, c'est comme le destin, ça vous colle à la peau. C'est ainsi que, sans peut-être s'en rendre compte, Valéry Giscard d'Estaing, à l'époque président de la République, a sans doute fait basculer l'histoire de France. Sûrement pas dans le sens qu'il aurait souhaité. Tout simplement parce que, ce soir du début du mois de juin 1979, il fut le premier, dans un discours limpide mais sans grâce, à transgresser une règle immuable depuis des siècles : celle de ne jamais évoquer la France autrement que comme une grande puissance. Les mots étaient lancés, ceux de puissance moyenne, dont on conviendra qu'ils n'excitent ni les cœurs ni les passions. En réalité, son discours était d'une incroyable subtilité puisque, dans la même phrase, il évoquait aussi la France comme grande nation... par la magie de la Communauté européenne. C'est bien connu, l'Europe est un prolongement de la France, le bras armé de nos ambitions. En fait, c'est un vieux rêve, pas totalement abandonné : celui de multiplier de manière quasi mécanique nos capacités économiques, diplomatiques et culturelles par le miracle d'une Europe, transposition de la France à l'échelle d'un continent.

Tout a été dit ce soir-là. Mais les vieux pays ont la peau dure, et en scellant le sort de la France peut-être scellait-il le sien propre, s'apprêtant à laisser la place à un homme qui continuait, lui, à faire rêver. Peut-être trop.

Ce discours, bien que très peu l'aient entendu et encore moins retenu, portait en lui les germes d'une double interrogation : celle du rang d'un pays et celle du statut d'une nation ; l'un jugé moyen, l'autre grand, par procuration. En réalité, le ver était dans le fruit et cette difficulté à se situer, donc à exister, allait traverser les trente années qui ont suivi.

Les faits sont malheureusement venus corroborer l'intuition de Valéry Giscard d'Estaing et l'on doit juger sévèrement nos performances. Car les résultats économiques ne furent même pas moyens, à peine médiocres en réalité, traduits par un mince

1,5 % de croissance. Ajoutons l'utilisation systématique du mot « crise » comme défausse, l'admiration sans bornes pour les autres pays, surtout s'ils sont éloignés. En quelques années – était-ce l'idée que l'on se bat moins lorsqu'on est moyen ? – l'économie française a largement perdu de sa compétitivité, de son originalité, de sa capacité innovatrice. Le système social français s'est perdu dans des conflits de plus en plus inconciliables. Nous avons battu tous les records de faiblesse de l'emploi des seniors et du taux de chômage des jeunes. Tout est devenu insoluble : les retraites, les dépenses de santé, la fonction publique, l'immigration, l'école…

Bref, les trente dernières années ont été, au-delà des talents politiques individuels, une lente régression avec des performances moyennes, pas dramatiques, mais… moyennes.

Il n'est que d'évoquer la perte très importante de parts de marché dans le commerce mondial mais également dans celui de la zone euro et le diagnostic sera complet. Nous nous sommes perdus dans une lente atonie, sans drame mais sans gloire, dans une insatisfaction générale. Le discours d'une partie de l'élite est venu accompagner cette évolution : la France est un pays que l'on ne peut réformer, une collectivité du passé entourée de nations qui ne valent guère mieux, à l'exception d'une Allemagne redevenue le modèle.

Quelle a été l'influence de ces termes de *puissance moyenne* sur la situation actuelle ? Ma conviction est qu'elle a été grande et négative. L'économie est une drôle de science dans laquelle le passé définit largement l'avenir, comme le font aussi ces mots que nous aimons : accumulation, croissance, stock de capital… En fait, les bons économistes regardent derrière eux pour comprendre les structures qui font l'avenir et la manière dont elles se déforment et se transforment. Reconnaissons donc que le terme *moyen* n'est ni porteur ni, surtout, exact. Il faut lui substituer le qualificatif *intermédiaire*, qui signifie à la fois le passé et l'avenir, un rang enviable dans les puissances de ce monde, et enfin période de transition. Nous sommes effectivement dans une phase de transition comme le reste du monde, ni plus, ni moins.

Le titre de cet essai est emprunté à ce film[1] qui met en scène une héroïne déterminée et convaincue que chacun construit son histoire ; au fond une femme libre de son destin et libre d'en faire une histoire fabuleuse. La métaphore s'arrêtera là.

Encore faut-il construire le concept d'*intermédiaire*, sans ruse terminologique ni flatterie. Cela suppose que nous soyons capables de nous admettre tels que nous sommes : ni hyperpuissance, ni objet de dévalorisation ou d'autoflagellation permanente. La France est et restera à vue d'homme entre la cinquième et la huitième place mondiale. Ça n'est pas si mal.

Ceci nous ramène à plus de modestie que par le passé, et nous oblige à la lucidité : ce rang de puissance intermédiaire est plus qu'honorable. Il est celui d'une puissance capable de produire, de diffuser et de convaincre, sur à peu près tous les plans, bien au-delà de ses frontières, mais sans aptitude ni prétention à l'hégémonie – qui est

----

1. *Le Fabuleux Destin d'Amélie Poulain*, réalisé par Jean-Pierre Jeunet avec Audrey Tautou et Mathieu Kassovitz, 2001.

le propre des hyperpuissances. Bien se connaître, bien repérer ce que l'on est et ce que l'on n'est pas, c'est un programme en somme assez stoïcien, qui distingue ce qui dépend de nous de ce qui ne dépend pas de nous. Bien analyser le poids qu'on a dans la réalité du monde, sans forfanterie mais sans excès de modestie : voilà ce qui nous manque depuis trente ans. D'où sont nés le mal-être, cette vision d'une société déclinante, cette conviction que nous n'avons plus la maîtrise de notre propre histoire, et notre grande difficulté à vivre ensemble.

Nous sommes capables d'être extrêmement performants dans des secteurs d'activité variés, d'imaginer des développements technologiques tout à fait remarquables, de veiller à l'éducation, aux soins, à la protection de l'individu avec talent et générosité. Nous avons un modèle social, à adapter certes au XXIe siècle mais dont les Français, toutes catégories confondues, doivent apprécier honnêtement la qualité intrinsèque.

Et surtout, comme toujours, la chance peut tourner. D'une certaine manière, la crise, pour nous comme pour le projet européen, est une opportunité forte. Personne aujourd'hui n'a la moindre idée de ce que sera demain, c'est-à-dire 2012. Tout est possible dans le cadre d'un monde qui n'aura plus ni règles, ni comportements, ni ambitions comparables à ceux du passé. Cela ne signifie pas que nous devions changer de rang ou de statut, car nous restons une puissance intermédiaire, dans un monde partagé entre le souhait d'une gouvernance économique mondiale et les inévitables tensions qui perdurent pour le partage des ressources rares et de la croissance. C'est à ce point de rupture que se situe l'avenir des puissances intermédiaires.

Le moment est venu de retrouver cette confiance en soi si déterminante à titre individuel et collectif. Nous faisons ici le pari que la société française est en fait très dynamique mais qu'elle a perdu ses références et surtout la conscience exacte de ce qu'elle est.

Nous proposons, à travers ces huit chapitres, d'esquisser un retour lucide, critique et positif sur nous-mêmes, et de faire une analyse de nos avantages comparatifs ; en un mot, pour retrouver le ton d'un économiste, de regagner notre compétitivité économique et sociale.

1

L'éternel déclinisme

TOUT COMPTE FAIT, le déclinisme est peut-être un mal nécessaire : il dit, parfois, des choses justes. Il s'est donné, hier et aujourd'hui, la mission d'annoncer une détérioration inexorable de la situation. Pour les déclinistes, la chute est certaine. Pour nous elle est possible, sauf si...

Mais quelles que soient leurs qualités, les déclinistes ont un problème avec le réel – ou plus exactement avec la complexité du réel. Ces veilleurs de l'inutile, ces Cassandres du social, sont en réalité des adeptes des théories de la prédestination, fourriers d'un protestantisme mal compris. Car Max Weber ou Benjamin Franklin étaient des hommes confiants en l'avenir. Eux ne le sont pas, mais ils développent des thèses auxquelles nul ne peut se soustraire. Ils sont comme les médias : ils ne s'intéressent qu'aux trains en retard. Ils ont une vision linéaire du monde, facile à développer parce qu'il y a toujours des chiffres pour soutenir un regard pessimiste. Ils sont porteurs d'une idéologie dont on perçoit la finalité : dénoncer un coupable. Mais ils sont hors sujet. Pourquoi ? Parce qu'ils parlent d'économie sans prendre en compte ce qui la caractérise – les ruptures, les rebonds –, sans avoir de regard sur l'avenir, sur ce en quoi le monde nous surprend. Nous, les économistes, nous craignons la crise tout en aimant qu'elle nous stimule en nous obligeant à réfléchir sur l'évolution de l'économie et de la croissance mondiales. Pour nous, rien n'est écrit, car les trajectoires sont souvent brisées ou modifiées. Qu'on se souvienne de la Grande-Bretagne travailliste de l'après-guerre, du supposé déclin américain des années 80, de la toute-puissance japonaise, de la victoire présumée définitive des pays émergents aujourd'hui... Tout cela est vrai à un moment donné, mais l'Histoire ne cesse de nous réserver des surprises. Ce qui nous intéresse aujourd'hui, ce n'est pas notre relative perte de compétitivité. C'est d'abord et avant tout de savoir comment les pays de l'OCDE vont trouver une nouvelle ambition et se situer dans les nouveaux équilibres de marchés mondiaux et comment, dans cette nouvelle donne, la France pourra, avec ses compagnons de route européens, tirer son épingle du jeu. Les mots-clés sont évidemment « anticipation » et « rebond ». Ils ne sont pourtant pas ceux que l'on privilégie aujourd'hui, ce qui fait que nous finissons souvent par céder à cette fascinante tentation décliniste. Car ce n'est pas une simple mode : elle est solidement ancrée dans notre culture et dans nos comportements, soutenue toujours par un travail conceptuel de qualité qui ne date pas d'hier. Nous connaissons depuis quelques années un fort retour du déclinisme talentueux, avec Nicolas Baverez, le regretté Jacques Marseille et bien d'autres. Certes, ils méritent du respect pour leur solidité intellectuelle, pour leur intransigeance et leur honnêteté. Mais ils méritent tout autant d'être remis en cause car ils sont très largement partie prenante des problèmes qu'ils dénoncent, à l'origine de ce mal-être si peu favorable à ce que Keynes appelait les *animal spirits*.

Le déclinisme est une interprétation du réel, mais ce que l'on est ne tient pas compte de ce que l'on pourrait être. C'est un jugement erroné, sauf période de drame national, sur les capacités d'un pays à agir, et ceux qui croient l'avoir inventé oublient que c'est un discours qui court de génération en génération depuis le début de l'Histoire. Il naît toujours dans la mythification rétrospective d'une ou de plusieurs périodes de référence.

L'âge d'or serait celui de la France de Louis XIV ou celui des Trente Glorieuses, images d'Épinal d'une France à la puissance globale reconnue dans le monde, à fort niveau de développement économique et de rayonnement culturel. La référence posée, le déroulement du discours est ensuite assez simple : on dramatise un état présent en le comparant défavorablement à une utopie qui n'a jamais existé. La force du déclinisme, c'est qu'il est à la fois répétitif, obsessionnel et contagieux. Au point que le déclinisme français, dans sa permanence, est devenu un objet d'étude en lui-même, comme le montre Lucian

Boia[1]. Il part, chiffres à l'appui, de la construction du mythe de la France, première puissance au XVIIIe siècle. En termes démographiques, tout d'abord – 22 millions d'habitants en 1700, contre 8,5 millions pour la Grande-Bretagne ou 15 millions pour l'Allemagne, le géant du continent. Alors que la monarchie britannique est faible et la notion même d'État inexistante en Allemagne, la France brille par sa monarchie absolue, sa concentration des pouvoirs et son unité. L'activité économique organisée par Colbert – les fameuses manufactures royales – tranche avec une économie anglaise prélibérale.

Cette concentration, voulue par Louis XIV, est censée garantir la continuité du projet politique du pays, face au morcellement d'une Europe sans États. Elle crée cette volonté d'expansion territoriale, notamment à l'Est, qui deviendra une constante de la politique étrangère de la France. La notion de « frontières naturelles » du royaume, des Pyrénées jusqu'au

1. Lucian Boia, *Hégémonie ou déclin de la France – la fabrication d'un mythe national*, Paris, Les Belles Lettres, 2009.

Rhin, s'impose alors dans le discours politique. Quant à la langue française, elle est celle des élites européennes par excellence. De l'esprit cartésien, du culte de la clarté et de la distinction au classicisme architectural et aux philosophes des Lumières, la culture française s'impose à l'Europe. Telle est l'image que nous avons de l'âge d'or de la France. Elle sera prolongée jusqu'à la Révolution, qui portera à son apogée l'idée de nation et de cohésion, en y ajoutant celle de citoyenneté et d'égalité. Désormais, le politique prime sur l'économique : c'est la marque de fabrication idéologique française.

Mais c'est une image d'Épinal : la France, en dépit de son unité, n'a pas la primauté en matière économique au XVIIIe siècle. Elle est loin derrière les Pays-Bas, déjà derrière l'Angleterre, encore en deçà de l'Italie. Son urbanisation se fait attendre – en dessous de 10 % en 1700 – et son alphabétisation (47 % des hommes) est largement au-dessous des 88 % de l'Écosse ! Quant à l'expansion militaire, elle est plutôt limitée, se bornant à des rectifications stratégiques plutôt qu'à des annexions spectaculaires.

La perte de l'essentiel des territoires d'outre-Atlantique, à la fin de la guerre de Sept Ans, met un terme à l'ambition française d'être présente sur les quatre continents. Par ailleurs la croissance démographique ralentit, du fait du contrôle des naissances visant à éviter la fragmentation des propriétés. Quant à la langue de Molière, langue de culture, elle n'est parlée que par les élites, jamais par les marchands, encore moins par les peuples.

« La France aurait-elle pu faire mieux ? » interroge Lucian Boia. « Forcer le destin et inventer un avenir dans lequel le monde parlerait, non pas anglais, mais français ? Une autre France, peut-être. Mais pas la France réelle. Pays continental et essentiellement paysan, son destin était inscrit dans sa physionomie[1]. » Tout est dit.

La logique décliniste, si forte, si prégnante, s'épanouit au XIXe siècle, avec en tête le plus illustre de ses thuriféraires, Chateaubriand : « Nous, l'État le plus mûr et le

____

1. Lucian Boia, *Hégémonie ou déclin de la France…*, *op. cit.*, p. 31.

plus avancé, nous montrons de nombreux symptômes de décadence. » Plus tard, à la veille du Second Empire, le parlementaire Claude-Marie Raudot publiera un best-seller au titre évocateur, *De la décadence de la France* (1849). Tout y est, la croissance démographique insuffisante et la forte prédominance du modèle paysan, mais surtout le reproche de son regard négatif sur ses institutions et ses ambitions : « Si les preuves de la décadence relative de la France sont incontestables, il ne faut pas continuer à dire : la France a des institutions plus parfaites que celles de ses voisins, donc elle doit avoir fait plus de progrès ; le fait est au-dessus de la supposition ; mais il faut dire au contraire : la France est en décadence, la France, d'un autre côté, est continuellement en révolution, comme un malade qui s'agite, croit trouver dans le changement un soulagement à ses maux et ne fait que les aggraver, donc elle s'appuie sur des institutions funestes et sur des principes faux[1]. »

Ce sont les arguments les plus tradition-

---

1. Claude-Marie Raudot, *De la décadence de la France*, Paris, Amyot, 1849.

nels, ceux qui permettent de désigner le ou les coupables. Bel exemple, le démographe Paul Leroy-Beaulieu[1] s'inquiète, lui, de l'appel à l'immigration massive destinée à compenser la chute de la natalité, qui menacerait l'identité française et donc son intégrité et son rayonnement culturel.

Les peurs et les alarmes sont constantes, du XVIIIe siècle à nos jours : vieillissement, centralisation excessive, incapacité à investir les fruits de la richesse dans l'innovation, limitations de la croissance structurelle condamnent la France à la régression. C'est d'ailleurs peut-être la démographie qui marque le plus les esprits. Michel Winock rappelle qu'à la fin du XIXe siècle, toutes tendances politiques confondues, on craignait la dénatalité et la perte du dynamisme liée au vieillissement. Dans les années 1970-1980, François Mitterrand s'inquiète de la dénatalité, Pierre Chaunu fustige la politique contraceptive, qu'il juge antinataliste, et publie même en 1986 un ouvrage qui s'intitule *La France ridée* ; la même année, la droite fait part de sa

---

1. Paul Leroy-Beaulieu, *La Question de la population*, Paris, Félix Alcan, 1913.

crainte d'un « hiver démographique sans précédent ». Aujourd'hui, bien sûr, l'argument est mis en veilleuse, puisque le taux de fécondité est plutôt favorable à notre pays. On va donc se concentrer sur le rôle régressif des institutions, État en tête. Tout le monde s'y est mis, succès de librairie à la clé.

Dans ce paysage austère se distinguent des personnages flamboyants comme Éric Zemmour[1], qui compare le déclin de la France à celui de l'Empire romain. Une France qui se rêve comme l'héritière de Rome, dans sa capacité notamment à assimiler l'étranger et à imposer sa paix dans l'Europe. Mais une France qui ne parvient jamais à égaler son modèle. Une France qui connaîtrait aujourd'hui, comme jadis l'Empire romain, la menace des Barbares...

En fait, de Nicolas Baverez à Éric Zemmour, les chiffres et les discours ne sont pas les mêmes, mais ils nous rappellent la même chose : que le déclin est une rhétorique qui a retrouvé sa vitalité.

Le déclinisme est-il pour autant un réflexe

---

1. Éric Zemmour, *Mélancolie française*, Paris, Fayard, 2010.

de droite ? Non, la gauche n'y échappe pas : Jacques Julliard écrivait en 2005 que « nous sommes les schizophrènes de l'Occident, et nous n'avons guère envie de guérir[1] ». La crise de 2008 semble décidément réveiller les prophètes.

L'esprit décliniste est-il l'apanage des seuls intellectuels et faiseurs d'opinion, ou touche-t-il la société tout entière ? Le mouvement de lutte contre la réforme des retraites, en 2010, a donné lieu à des enquêtes d'opinion qui témoignent d'une peur du déclassement, d'une inquiétude concernant l'emploi pour les jeunes et le maintien d'un système de retraite soucieux d'égalité. Au discours de l'État, qui présente la réforme comme une nécessité – là encore démographique –, l'opinion publique répond par la manifestation d'un sentiment d'injustice et d'une peur de l'avenir. Peur du décrochage, peur de l'effondrement et de la disparition d'un modèle social protecteur. Même les jeunes, dont on pourrait penser qu'ils ne

____

1. Jacques Julliard, *Le Malheur français*, Paris, Flammarion, 2005.

sont pas partie prenante, se sont joints à la protestation.

Louis Chauvel analyse leur entrée dans le mouvement social contre la réforme comme l'expression de leur angoisse, devenue structurelle face à la montée du chômage qui les touche comme nulle part ailleurs, à la précarité de l'emploi, à l'absence de vision à moyen terme. « Il me semble, conclut-il, que dans tous ces événements, les malaises, les incohérences et les paradoxes se renforcent les uns les autres[1]. »

Le déclinisme procède d'une approche construite de l'évolution des sociétés à la fois mécaniste et culpabilisante. C'est en cela, si l'on en croit Cioran, qu'elle est éternelle. On ne peut se priver du plaisir de le citer à propos d'Hésiode : « Quelle lumière n'a-t-il pas jetée sur le devenir historique ! Si, au cœur des origines, en plein monde posthomérique, il estimait que l'humanité en était à l'âge de fer, qu'aurait-il dit quelques siècles plus tard ? Que dirait-il au-

----

1. Louis Chauvel, *Le Monde.fr*, 14 octobre 2010.

jourd'hui ? Sauf à des époques obnubilées par la frivolité ou l'utopie, l'homme a toujours pensé qu'il était parvenu au seuil du pire[1]. »

Car le déclin est indissociable d'une philosophie de l'Histoire. Sans remonter jusqu'à Hésiode, il consiste à dire qu'une société naît, qu'elle grandit, qu'elle connaît essor et apogée, puis qu'elle ralentit, s'enfonce de crise en crise dans la déchéance, jusqu'à l'irrémédiable déclassement ou la disparition pure et simple. Lorsque Machiavel relie l'effondrement de l'Empire romain à la réussite de la République et de l'Empire sous la *pax romana*, il jette les bases de notre lecture décliniste, en décrivant un contexte d'autorité et de tranquillité qui conduit à la mollesse et au désordre. C'est l'autorité et la concentration du pouvoir entre les mains des Césars qui, à ses yeux, a condamné l'Empire romain.

Les Lumières, Montesquieu à leur tête, réinvestissent cette lecture de la décadence

---

1. Emil Michel Cioran, *De l'inconvénient d'être né*, Paris, Gallimard, 1973.

pour construire leur critique de la monarchie absolue. Accusé de limiter le développement économique par une concentration excessive du pouvoir, comparée aux mérites du système anglais, l'État des rois du Grand Siècle ne laisse pas de place à l'individu. Le déclinisme va donc inlassablement lui opposer un couple salvateur : libéralisme et idéologie de progrès. Quand on crie en France à la décadence, Defoe écrit en Angleterre *Robinson Crusoé*, héros échoué sur une île déserte qui reproduit fidèlement, grâce au savoir-faire technique, les réussites agricoles et industrielles du modèle anglais.

Ainsi, que ce soit en termes d'excès de centralisation, de chute de la démographie, de stagnation économique ou de limites à l'industrialisation, la France est toujours vue en régression, au XIXe siècle comme au XXe siècle.

Qu'en est-il au XXIe siècle ? Rien ne change, du moins sur le fond. Reste à trouver le coupable.

Nicolas Baverez, intellectuel très estimable, nous donne la réponse : un État omnipotent, accusé d'étrangler l'activité par

les transferts sociaux, d'assécher les finances publiques pour conforter les acquis
corporatistes et acheter ainsi la paix sociale : « Comme tout cycle historique de
longue durée, cette dynamique est très difficile à inverser, écrit-il. Pour autant, il ne dépend que des Français d'interrompre la
chronique du déclin annoncé de la France,
en choisissant clairement le parti de la réforme[1]. »

La France qui tombe, publié en 2003, a
connu un important retentissement au sein
des élites dirigeantes, en grande partie parce
qu'il montrait du doigt l'inanité du projet
politique au lendemain de la présidentielle,
droite et gauche confondues, et le clientélisme des pouvoirs publics. Le vocabulaire
du déclassement y est présenté comme le
seul pertinent pour parler de la France, discours qui attise les peurs sans donner les
moyens d'y répondre. En fait le regard qu'il
porte sur les problèmes structurels du pays
est pour une large part consensuel : mode
de fonctionnement corporatiste et étatiste

---

1. Nicolas Baverez, *La France qui tombe*, Paris, Perrin,
2003.

au détriment de l'initiative individuelle, rigidité du marché du travail, difficulté à se situer dans une économie ouverte, et surtout, manque de réactivité face à une économie mondiale caractérisée par sa volatilité et la succession de bulles spéculatives. On retrouve là, pour une part, des critiques déjà exprimées par Alain Peyrefitte dans *Le Mal français*, notamment dans les dysfonctionnements de la décentralisation – accélérés aux yeux de Baverez par la demi-réforme de 2003, qui n'a pas poussé à la réorganisation et à la répartition plus claire des pouvoirs entre les différents échelons de prise de décision. On en retrouvera les traits essentiels dans le discours des « deux France » de Jacques Marseille, « celle qui avance et celle qui freine », avec une insistance sur le décalage entre les pôles d'excellence portés par les élites, dont les sources de développement sont extérieures au pays, et le corps social national qui se délite.

Personne ne peut récuser ces analyses. Mais là où le bât blesse, c'est que la spécificité de la période ne les intéresse guère. De fait, les crises apparaissent comme secondaires, comme des conséquences de l'ouverture des marchés et de la mondialisation ; Nicolas Baverez impute d'abord et avant tout les difficultés que nous traversons à des problèmes structurels, causes du déclin que connaîtrait la France.

Le décliniste en appelle donc au sursaut en vertu de sa morale immanente. La thérapie de choc a des accents gaulliens : la rupture sera, ou c'est la fin. Même Jacques Attali, habituellement chantre de l'avenir, a cédé à la tentation[1]. Lucian Boia dit bien à quel point la rhétorique du déclin a été essentielle dans la campagne du futur président pour la dernière élection présidentielle : « L'orchestration du thème du déclin au moment même où prenaient forme les visées présidentielles de Nicolas Sarkozy ne relèverait pas de la simple coïncidence. La "France qui tombe" avait besoin d'un Sauveur. Ou, inversement, l'appel à un Sauveur demandait une situation de crise, une France au bord de l'abîme[2]. »

---

1. *Tous ruinés dans dix ans ?*, Fayard, 2010.

2. Lucian Boia, *Hégémonie ou déclin de la France...*, *op. cit.*

Tout cela n'est évidemment pas sans conséquence. Le déclinisme crée ce sentiment de
mal-être qui irrigue nos comportements individuels et collectifs. C'est en cela qu'il in-
terpelle particulièrement la puissance intermédiaire. Certes, elle a reculé. Et alors ?
L'affaire n'est pas définitivement réglée. Et
au fond, on ne peut empêcher les uns et les
autres de voir le verre à demi vide même s'il
est à demi plein ! Là n'est pas la question.
Ce discours, aussi oppressant que décalé, ne
répond à aucune de nos interrogations
d'aujourd'hui, spécifiques et immédiates.
Comment se comporter dans une évolution
économique très largement immaîtrisable et
très souvent difficile à saisir, plus encore à
conceptualiser ? Est-ce le moment d'un rebond, ou notre pays va-t-il être balayé avec
l'ensemble de la communauté occidentale
par des vents fondamentalement
contraires ? Comment repenser une trajectoire de croissance qui s'adapte à des rapports de force économiques mondiaux totalement nouveaux ? L'histoire de France ne
s'arrête pas aux 35 heures, aux préretraites,
même si l'impact de leur mise en œuvre n'a
pas été négligeable. Les taux de change, les

parités, les flux migratoires, les terres arables, autant de paramètres dont il faut apprécier l'évolution et qui nous permettent de répondre à la seule question qui vaille : en 2015, sortie de crise ou non ?

2

Une crise si profonde

P OURQUOI L'ANALYSE de la crise ? Parce qu'une puissance intermédiaire traverse une crise dans de plus ou moins bonnes conditions et que son statut, dont on verra qu'il est bien enviable, est *de facto* remis en jeu. Bien entendu, notre situation macro-économique au moment du démarrage de la crise est essentielle. Si l'on est compétitif, doté d'une fiscalité moderne, poussé par un système d'innovation actif et animé par un esprit de conquête, on est mieux placé pour résister à la crise que dans le cas inverse. C'est cette vérité première que le déclinisme nous a rappelée, avec la – faible – originalité et le – réel – talent que l'on sait. Mais la véritable détermination pour l'avenir est ailleurs. Pour un pays, l'avantage compétitif primordial consiste à comprendre ce qui est en train de se passer, à trouver les coopérations les plus efficaces, la spécialisation la plus adaptée au monde en train de se construire. Bien sûr, la France et l'Europe, même l'Allemagne, ne sont pas aujourd'hui les plus performantes à l'aune d'un classement 2010. C'est particulièrement vrai lorsqu'on analyse de près les développements européens en matière de technologie, donc d'avenir. Mais comme toujours, rien n'est joué et c'est là que nous quittons définitivement l'univers décliniste. Désormais, tout est question d'intelligence et de volonté. Ni notre pays, ni notre continent n'en manquent. Il nous faut donc d'abord comprendre la crise. Tâche ardue, particulièrement aujourd'hui, alors que la situation n'est pas encore stabilisée. Or, pour les économistes, la crise est plus qu'un concept : c'est une réalité maudite. Car c'est le lieu du conflit, de l'ambiguïté des théories, des ruptures profondes, de l'irréversibilité du temps, de l'apparition de nouveaux systèmes. Ceux qui rêvent d'une explication unique en ont fait une pathologie. D'autres, moins nombreux et dont je fais partie, en font l'instant privilégié de l'apparition de l'incertain, de nouvelles formes de la régulation économique, de règles sociales différentes.

Un clivage fondamental traverse donc les courants de pensée : pour les uns, il s'agit de fluctuations plus prononcées que les précédentes – des turbulences, diraient certains ; pour les autres, une rupture a bien eu lieu. Dans cette dernière perspective, subversive par rapport à la pensée majoritaire, l'ancien appareil de régulation n'est plus apte à ramener le système mécaniquement autour de sa valeur d'équilibre. La difficulté est encore plus grande qu'on ne l'imagine car toutes les crises sont différentes. Or, toute pensée s'appuie, pour la situation en cours, sur une cohorte de recettes déjà éprouvées – ou censées l'avoir été. C'est le cas du keynésianisme, ramené, le temps d'une génération, d'une vraie rupture à une simple théorie des cycles, comme aujourd'hui toute annonce de plan de relance est baptisée « keynésienne ». Pas de chance, chaque crise est plus complexe que la précédente. Au XIXe siècle, elles étaient brutales, mais finalement assez aisées à interpréter, souvent d'origine agricole, toujours le produit d'une sous-consommation. Celle de 1929 a résulté d'une rupture provoquée par l'explosion de l'automatisation de la production et de la simultanéité de l'archaïsme des systèmes de rémunération. On ne peut pourtant pas se soustraire à la nécessité de bien comprendre ce qui s'est passé, d'imaginer ce que sera le monde de demain, ou du moins de tenter de l'anticiper. C'est ainsi que l'on peut rebâtir une économie qui aura beaucoup souffert et qui nécessitera des investissements majeurs.

Dans quelques années, lorsqu'on réexaminera cette période, on s'apercevra que jamais le monde ne fut confronté à un tel transfert d'activités des pays de l'OCDE vers les pays émergents. Pourquoi une telle brutalité dans ces mouvements, source de tensions macro-économiques insoutenables ? Parce qu'il n'existait aucun instrument de régulation à l'échelle mondiale capable d'assurer la transition nécessaire.

En effet, il y a une vingtaine d'années, avant la chute du mur de Berlin, les économistes débattaient de la confrontation entre capitalisme et socialisme avec la vision simplificatrice de deux systèmes en compétition, homogènes l'un et l'autre. Tout cela s'est évanoui avec la disparition du bloc soviétique et nous avons progressivement admis que l'économie de marché s'était totalement et définitivement imposée, créant les conditions d'émergence d'un capitalisme mondial. Pour l'encadrer, on pensait alors pouvoir compter sur les organisations issues de la Seconde Guerre mondiale, parfaits relais de la vision ethnocentrée du monde occidental. Les maîtres mots des politiques économiques furent alors tous rattachés à l'idée de marché : dérégulation, déréglementation, financiarisation, mondialisation. C'est le monde anglo-saxon qui bénéficia le plus de la phase de généralisation de l'économie de marché, s'insérant partout – en Europe centrale, en Russie, en Asie – en établissant un pouvoir sans partage, non seulement dans les pays fondateurs, mais aussi dans l'ensemble du monde. Tout cela donna le sentiment que l'affaire était jouée et que le monde était définitivement engagé dans une homogénéisation parfaite. Faux, puisque le capitalisme para-étatique était la règle dans nombre de pays émergents. C'est connu pour la Chine et la Russie, ce l'est moins pour l'Amérique du Sud.

On le voit, le tableau était complexe, incertain, et la règle de la convergence des modèles économiques n'était guère évidente. La véritable origine de la présente crise réside dans l'incapacité des multiples formes de capitalisme – en réalité, d'organisations socio-économiques largement antagonistes – à trouver des lieux de négociation, de conciliation. Ceux qui existent – FMI, Banque mondiale – sont datés et ne permettent pas aux nouveaux rapports de force de s'exprimer. Fondamentalement, la crise, même si elle a éclaté dans la sphère financière, est liée au monde réel. Elle a correspondu aux transferts, extraordinairement rapides et violents, d'activités industrielles des pays de l'OCDE vers les pays émergents. Certains pays ont plus souffert que d'autres de ces transferts, parfois par manque de lucidité, souvent par manque de réactivité. C'est sans nul doute le cas de notre pays, du moins si on le compare à notre partenaire allemand. Cette disparition d'activités, compensée par un flux très important d'importations, a eu trois conséquences, que l'on peut qualifier de « fondements de la crise financière ». Elles ont entraîné le séisme de

2007-2008, et débouché sur cette croissance lente dont souffrent l'Europe et les États-Unis. Tout d'abord, il a fallu compenser les pertes de revenus liées à cet appauvrissement de l'activité économique dans les pays de l'OCDE. C'est la raison pour laquelle on a assisté à un surendettement généralisé des ménages aux États-Unis, des États en Europe, des entreprises des deux côtés de l'Atlantique. En Europe, et tout particulièrement en France, les transferts sociaux ont partiellement permis le soutien aux revenus, jouant le même rôle que le crédit aux États-Unis, avec la même évolution – une stabilisation dans le meilleur des cas.

Deuxième conséquence : ce surendettement a été favorisé par des politiques monétaires trop expansionnistes. Les banques centrales ont maintenu des taux d'intérêt bien inférieurs aux taux de croissance, ce qui a évidemment aggravé l'excès d'endettement. Elles n'ont réagi ni à la croissance forte du crédit, ni à celle des prix de l'immobilier. Or, pour que les banques puissent distribuer cette masse de crédits supplémentaires, il a bien

fallu qu'elles les refinancent ; d'où le développement de la titrisation et des produits financiers sophistiqués, qui est largement à
l'origine de la crise financière.

Troisième conséquence : la brutale accé-
lération de la croissance dans les pays émergents a entraîné de leur part une demande à
la fois forte et fluctuante de matières premières, qui a conduit à une volatilité ingé-
rable de leur prix.

Pourquoi rappeler les fondements de
cette crise financière ? Parce que aujourd'hui
aucun de ces problèmes n'est réellement ré-
glé et que le scénario risque de se poursuivre
au cours des prochaines années : désindus-
trialisation, excès de liquidités, poursuite
du désendettement affaiblissant la croissance, variabilité forte des prix des matières
premières. Un jour, ces problèmes trouveront leur solution, mais aujourd'hui, ils restent en suspens.

Dès lors, deux questions se posent, l'une
au niveau européen, l'autre au niveau français.

Comment peut-on imaginer que l'Europe et ses composantes surmontent la guerre des monnaies dans laquelle nous allons entrer ? Aujourd'hui l'Europe est pacifiste, crosse en l'air ; elle n'est que la variable d'ajustement de la compétition entre les deux superpuissances. Énorme incertitude pour notre croissance. On peut espérer que cette inertie ne sera pas définitive et que l'on confiera une vraie responsabilité dans ces domaines à la BCE.

Plus important encore, au niveau national, il nous faudra investir massivement, parce que nous avons à inventer et développer de nouvelles activités. Ni les États, ni les systèmes bancaires ne fourniront le financement nécessaire, qui s'élève à environ 200 milliards d'euros sur 5 ans pour la France. Or, un pays comme le nôtre, en cela peu dissemblable des autres pays de l'OCDE, a une épargne abondante mais prudente. Comment l'amener à s'investir dans des projets à long terme, donc risqués ? C'est une des questions les plus compliquées que nous ayons à résoudre.

Sur ce plan comme sur tant d'autres, un regard pessimiste sur le passé récent ne nous est pas d'une très grande utilité. Ce qui compte, c'est la capacité à créer la confiance dans l'avenir, à penser mondial, à adapter les comportements et les institutions aux chocs démographiques et technologiques à venir. Rien de tout cela n'est évident, mais la crise est le moment privilégié où tout redevient possible.

Un maître mot : la confiance.

Rien ne nous y prédispose. Pourtant, c'est une condition absolue de survie. Et sur ce plan, il faut reconnaître que l'analyse économique ne nous est pas d'un grand secours. Comment expliquer et surmonter ce mal-être français dans lequel nous semblons nous complaire, dans lequel nous vivons et qui est le revers de cette arrogance incompréhensible pour les autres ? Bronislaw Geremek s'interrogeait en 2007 sur cette propension bien française à broyer du noir : « La France se porte bien quand on la regarde de l'extérieur. Mais la vraie question est de savoir pourquoi elle ne se porte pas bien quand elle se regarde[1]. » Pour Geremek,

----

1. Bronislaw Geremek, in *Peut-on encore chanter la douce France ?*, Michel Wieviorka (coll.), Éditions de l'Aube, 2007.

la France, où les écarts sociaux se creusent de plus en plus alors que le pays s'enrichit, souffre de mauvaise conscience, d'un sentiment de culpabilité ; surtout, elle serait « fatiguée », parce que l'espérance et la foi en l'avenir l'auraient quittée.

Culpabilité, mésestime de soi, perte de l'envie d'aller de l'avant, sentiment que le monde nous échappe, que nous sommes des exclus du changement, et donc impuissants : ce sont là tous les symptômes d'une *dépression*, désastreuse dans ces moments où le monde se redresse. Pourquoi parle-t-on de dépression ? Grande dépression, longue dépression ? Une histoire de psychisme ? Vraisemblablement par abus de langage, mais on ne peut que suivre Oswald Spengler lorsqu'il affirme que « La pensée et l'action économiques sont un côté de la vie. Chaque vie économique est l'expression d'une vie psychique[1] ».

Ce diagnostic sur la réalité du moral de la société française est le point de départ

---

1. Oswald Spengler, *Le Déclin de l'Occident*, Paris, Gallimard, 1948.

majeur pour imaginer une capacité de redémarrage.

Comment faire de la crise le moment privilégié d'une reconquête de la prospérité ?

Les deux risques qui menacent cet optimisme sont clairs : d'une part la perte de confiance en la puissance publique, celle-là même qui est censée mettre en œuvre les réformes nécessaires ; d'autre part cette terrible tentation du renfermement, du repli sur soi, en un mot du protectionnisme.

Nous avons connu les effets ravageurs de ces deux attitudes au cours des deux crises passées, elles nous ont privés alors de la possibilité du rebond. À deux reprises, cette perte de confiance a joué négativement sur la conjoncture économique et sociale ; d'abord pendant la Grande Dépression de la fin du XIXe siècle, puis pendant la Grande Crise de 1929.

Conséquence d'une crise hypothécaire et d'un boom immobilier, la Grande Dépression débute par l'effondrement de la Bourse de Vienne en mai 1873. S'ensuit la panique, qui touche l'Europe centrale et occidentale, puis, à l'automne, les États-Unis, entraînant néanmoins plus une stagnation de l'économie qu'une dépression au sens propre du terme.

Le monde occidental a subi ce revers de plein fouet, mais la France semble l'avoir vécu bien plus douloureusement. C'est qu'une perte de confiance en l'État et une forte tension sociale sont palpables dans les premiers pas de la IIIe République.

1870 est marquée par l'échec de l'opération mexicaine, la défaite contre l'Allemagne réunifiée par Bismarck, suivie de l'affrontement sanglant de la Commune. Politiquement et territorialement, la France qui perd l'Alsace et la Lorraine se vit comme un pays amputé. On parle moins de croissance ou de développement que de revanche. Les ambitions économiques de la France se brisent devant celles de l'Allemagne et des États-Unis. En fait, cette faiblesse naît de l'hiatus entre les prétentions de l'Empire et les résultats de ses politiques économiques. Napoléon III annonçait un développement industriel, une croissance enfin retrouvée, et prétendait redonner au pays la puissance qu'il avait perdue ; dans les tableaux comparés de l'économie mondiale, dans les vingt ans qui séparent l'émergence du Second Empire de sa disparition, la France est passée du deuxième au quatrième rang mondial. Derrière l'Allemagne, derrière les États-Unis. C'est aussi le moment où les statistiques font leur apparition. Elles sont très vite un objet de rhétorique politique et économique dont sait parfaitement s'emparer le pouvoir en place, comme le font aujourd'hui nos veilleurs du déclin, mais en sens inverse. On les maquille pour augmenter la population française, en incluant celle de l'Empire ; on les utilise pour crier à la catastrophe.

L'ambition de paix sociale de l'empereur a vite trouvé ses limites. L'imaginaire collectif retient davantage les portraits de la famille Lantier, de *Germinal* à *L'Assommoir*, que les progrès, réels mais lents, des conditions de travail – la journée de huit heures n'est mise en place qu'en 1880. La France de 1875 n'a pas pardonné au Second Empire le « déclassement » de son pays, c'est-à-dire son décrochage économique.

Résultat, le retour à la prospérité fut très long, plus long en France qu'ailleurs, et la stagnation économique dura de 1873 à 1893. L'impact du mal-être fut très négatif, exactement ce qu'il nous faut éviter dans les années à venir. D'autant plus qu'il s'est également traduit à l'époque par ce qui représente la pire menace de ces périodes troublées, la tentation de l'autarcie. En effet, les Français de la fin du XIXe comme leurs gouvernants broient du noir. Et cet état d'esprit les porte alors à entretenir une envie de repli, que l'Empire colonial a conforté. Le rôle réel de l'extension coloniale dans l'économie n'était pourtant que symbolique, puisque sa part dans les exportations de la France n'était que de 13 % en 1913 contre 27 % en Grande-Bretagne. Conjuguée au sentiment de déclassement vis-à-vis d'une Allemagne de plus en plus puissante et d'une Grande-Bretagne dynamique, l'autarcie séduit, fascine et interdit toute stratégie de rebond. La Grande Crise de 1929 vient comme une justification. Même problème, mêmes conséquences. À chaque crise, le mal-être handicape, ralentit, interdit.

Au lendemain de la Grande Guerre, la France éprouve un sentiment partagé de confiance et d'inquiétude qui jouera un rôle décisif dans les politiques de sortie de crise dix ans plus tard. Confiance consécutive à la puissance retrouvée, au retour de l'Alsace et de la Lorraine, à la maîtrise d'une partie du Proche-Orient ; mais inquiétude née de la saignée démographique et économique. À cela vient s'ajouter le problème financier. « Soudain, écrit Pierre Miquel, au seuil de la victoire, la France découvrait son problème financier : l'État et tout ensemble les centaines de milliers de rentiers étaient ruinés par la guerre[1]. »

Mais c'est surtout, pour Lucian Boia, la tension extrême accumulée pendant les années de guerre qui a conduit au pacifisme, au « plus jamais ça », et qui a mis la France dans une posture de méfiance générale.

Ces analyses sont partiellement injustes et inexactes. Sur la période 1920-1930, la croissance économique est plutôt bonne, voire excellente au regard des autres puis-

---

1. Pierre Miquel, *La Paix de Versailles et l'opinion politique française*, Paris, Flammarion, 1973.

sances. Sur un indice 100 en 1913, la France avait un PIB de 63,9 en 1918 contre 134,4 en 1929. Seuls les États-Unis et le Japon faisaient mieux. Mais la confiance ne se commande guère. La France ne se remettra pas de la crise de 1929. En 1939, sur cette même échelle, elle enregistre l'indice 139, à peine mieux qu'en 1929. Certes, les erreurs des politiques économiques ne sont pas l'apanage de notre pays. Mais il n'empêche, l'état d'esprit général était favorable au protectionnisme et convaincu de la force de la dépression.

Aujourd'hui, nous nous retrouvons dans une situation analogue. Voilà une crise dont l'issue est parfaitement incertaine dans sa nature comme dans son déroulement. Une crise dont personne ne peut dater la sortie. Notre pays doute, comme souvent, avec pour conséquence une sorte de paralysie de l'action et de la réflexion. Certains en ont conclu que l'affaire était pliée, le destin scellé, l'avenir bouché, la fin proche. Mais comment peuvent-ils en être si sûrs ? Ne connaissent-ils pas les détours de l'Histoire, les surprises heureuses, les ruptures ? L'Histoire n'est pour eux qu'une suite d'événements prévisibles et préalablement définis. La question n'est pas là : tout se joue non pas dans une confiance absolue en soi-même, qui aurait toutes les caractéristiques de l'aveuglement, mais dans une compréhension précise de ce que l'on est, de ce que l'on représente, de ce que l'on ne sera plus – et de ce que l'on n'a peut-être jamais été mais qu'une nouvelle configuration historique pourrait nous faire devenir. Nous sommes désormais une puissance intermédiaire. C'est notre chance si nous le comprenons et l'admettons.

3

Une puissance intermédiaire

IL FAUT MAINTENANT évoquer ce que sont le rang et le statut d'une puissance intermédiaire qui conserve l'ambition non seulement de survivre, mais aussi de continuer à exister par elle-même ; bien entendu dans notre espace naturel, l'Europe, confrontée au faisceau de contraintes qu'impose une crise économique loin d'être finie.

On pourrait supposer que le distinguo entre puissance moyenne et puissance intermédiaire nourrit une discussion byzantine. Il n'en est rien, car il s'agit de définir ce que nous conservons de spécifique en matière de politique économique, diplomatique et culturelle, sans évidemment imaginer disposer de l'ensemble des leviers. Prenons un exemple : lorsque l'on a le taux de chômage des jeunes le plus élevé des pays développés, on ne peut raisonnablement penser qu'une puissance tutélaire viendra résoudre le problème à notre place. Et puis demeure toute une partie du monde qui continue à considérer que les principes d'une démocratie comme la nôtre ont l'immense mérite d'exister, qu'ils sont un exemple à suivre dans un monde fait de diversité. En réalité, la puissance intermédiaire incarne une conception du monde lucide sur les contraintes, mais ambitieuse sur la liberté qu'a chaque nation, dans la mesure de ses moyens, à définir sa trajectoire, son projet, sa vie.

Cette puissance intermédiaire se définit dans les quatre domaines de la vie collective, économique, militaire, diplomatique et culturel. Elle a une réelle aptitude à conserver une existence propre, un projet, une influence sur son destin et une capacité à dépasser dans ces quatre domaines ses propres frontières. Bien entendu, cette conception suppose que les courants d'influence jouent dans les deux sens. Comment croire que nous ne sommes pas très influencés par les marchés mondiaux, par les multiples cultures qui font la richesse du monde ? Mais au fond, la perception d'être une puissance intermédiaire a vocation à redonner confiance, ce qui, dans ces temps difficiles, n'est pas un mince avantage pour se doter d'un projet. Elle est bien celle qui fait jouer le projet contre le destin. Elle a donc pour partie cette capacité à s'émanciper des contraintes de la nécessité qui semblent s'imposer à elle, du fait de son caractère singulier, construit à travers l'Histoire. Le mot-clé est ici celui de « projet », qui signifie littéralement « à jeter en avant ». Cela n'implique pas de croire que l'on peut s'extraire des rapports de force existants, mais cela suscite une capacité propre à les mettre à distance. En cela, la puissance intermédiaire n'est ni la victime d'une hégémonie qu'elle devrait assumer, ni soumise à des puissances qui brideraient son émancipation. Puissance globale, puissance de développement, puissance de rayonnement : en un mot, elle prend toute sa place dans un espace clé qui renaît en ce début de XXIe — siècle —, celui de la multipolarité.

Première clarification : nous ne sommes pas les seuls dans ce cas de figure. D'autres pays, parfois de taille plus modeste, ont eux aussi vocation à avoir ce statut de puissance intermédiaire. La Suède en est peut-être le plus bel exemple.

La Suède ou l'importance des racines... Ce pays, qui a une haute idée de son statut, de ses capacités, de ses moyens, a été une puissance majeure au XVIIe siècle, à travers la figure du roi Gustave II Adolphe, le « Lion du Nord » qui, pendant la guerre de Trente Ans, fut le défenseur des protestants à travers l'Europe. Depuis, la Suède n'est plus – et n'a pas prétendu être – une puissance majeure au niveau mondial. Elle ne s'est pas aventurée dans l'entreprise coloniale. Au XXe siècle, elle a su se tenir à l'abri des deux principaux conflits mondiaux. Mais elle a su conserver une certaine idée de sa puissance, de son influence, de sa capacité à agir, qui n'est pas fondée sur un fantasme ou sur une illusion que la nostalgie de la puissance passée aurait construite. Elle est plutôt le reflet d'un certain regard porté sur le présent, le passé et l'avenir. Sûre de ses racines, la Suède semble pouvoir avancer avec sérénité. C'est à travers sa politique scandinave que l'on peut peut-être percevoir le mieux la juste dimension de ce ni-

veau intermédiaire « à la suédoise ». Les années 1815 à 1880 sont marquées par le
« scandinavisme », doctrine selon laquelle
les trois nations nordiques constitueraient
une unité au sein de laquelle la Suède entend jouer un rôle prépondérant dès 1870,
face à l'émergence des deux puissances majeures, la Russie et l'Allemagne. C'est donc
par un recentrage régional que la Suède
joue alors un rôle mondial, avec le scandinavisme comme multiplicateur de sa puissance. Quelle coïncidence, la Suède entend
maintenir son rang au XXIe siècle et exercer
une influence politique forte. Car, il faut
s'en souvenir, la Suède a été l'inventeur et le
modèle de la social-démocratie, c'est-à-dire,
en quelque sorte, du projet européen.

Elle ne l'est plus autant aujourd'hui. Il
n'empêche, elle a eu une capacité exceptionnelle, cela n'est pas assez connu, à traverser
les crises, notamment celle des années 30,
et cela semble être encore le cas dans la période actuelle. Pendant les deux crises, fait
exceptionnel pour un pays aussi ouvert au
monde, ce fut en définissant des trajectoires
de croissance qui lui sont propres que la
Suède a réussi à surmonter l'obstacle.

Lorsque l'on veut illustrer ce qu'est une politique économique autonome, il n'y a pas de plus bel exemple que ce qui fut fait en Suède pendant la Grande Crise. Même chose pour la réforme de l'État dans les années 90, même chose aujourd'hui...

On objectera que la Suède est à l'opposé de la France. Pas tant que cela, et puis cette idée de nation intermédiaire n'est immuable ni dans le temps ni dans l'espace. Mais pour qu'elle prenne vie, encore faut-il des circonstances particulières. C'est le cas aujourd'hui.

Pourquoi ? Tout simplement parce que l'on passe d'un monde des hyperpuissances hégémoniques à celui d'une géographie plus complexe constituée de nouvelles superpuissances aux pouvoirs majeurs, mais qui sont, compte tenu de leur nombre, l'expression d'un monde réellement multipolaire. Voilà qui laisse aux pays européens un vrai choix : celui de jouer ces espaces de liberté ou de disparaître. Le jeu en vaut la chandelle, à condition de bien comprendre la réalité de nos nouveaux espaces de manœuvre sans nous raconter trop d'histoires nostalgiques.

Pour cela, il faut bien comprendre ce

qu'est l'hyperpuissance et ce que représente son effacement, remettre au placard nos velléités d'universalisme à la française, éviter ce goût immodéré que nous avons de nous identifier à d'autres et retrouver le bonheur du projet. Hyperpuissance contre superpuissance, n'est-ce pas un nouveau débat byzantin ? Non. Pour le montrer, revenons au XIXe siècle.

Le plus bel exemple d'une hégémonie partagée fut sans nul doute celui de la Grande-Bretagne victorienne. Partons de ce grand pays qui fut le premier à connaître la révolution industrielle et l'on passera vite à un univers multipolaire, certes dominé par la Grande-Bretagne, mais où l'histoire des autres nations perdure. La puissance britannique prit la forme d'un impérialisme mondial et d'une domination européenne, qui laissait aux autres pays d'Europe la latitude d'exister et de prospérer. Le cœur de cet empire formel et informel fut la religion du commerce, l'« impérialisme du libre-échange[1] ».

---

1. John Gallagher et Ronald Robinson, « The Imperialism of Free Trade », in *The Economic History Review*, 1953.

Si le Royaume-Uni n'imposa pas toujours politiquement ou militairement sa domination, il fit basculer par le commerce et à son profit certains équilibres économiques.

Ainsi, par un jeu d'influences multiples, la Grande-Bretagne parvint-elle à se constituer un empire informel, à influencer les parties du monde qu'elle ne contrôlait pas directement et à s'imposer comme la superpuissance du XIXe siècle. Superpuissance, et non hyperpuissance, qui laissait la place à la multipolarité.

Cela se vit au congrès de Vienne. Politiquement, il apparaît comme le congrès de la restauration monarchique, la fin de l'aventure européenne de la Révolution française. Mais du point de vue des relations internationales, ce congrès inaugure un ordre européen tout à fait nouveau. Inspiré par Castlereagh, ministre des Affaires étrangères britannique, il adopte le principe de « l'équilibre des puissances en Europe ». Le Royaume-Uni, qui ressort de ces guerres renforcé et accède à la prééminence mondiale en 1815, n'entend pas laisser une puissance continentale lui faire concurrence. Aussi, au lieu d'écraser la France, au risque de voir la Prusse, la Russie ou l'Autriche devenir des puissances dominantes sur le continent, il épargne les frontières de son ancienne ennemie. Le Royaume-Uni inaugure ainsi la notion de « puissances intermédiaires » en Europe en imposant l'équilibre des puissances alors même qu'il affirme son hégémonie mondiale.

Il n'empêche, bien d'autres pays, en Europe et ailleurs dans le monde, continuaient d'exister et de mener leur propre histoire. Ce n'était pas encore le temps des hyperpuissances, qui va en fait trouver sa brève expression juste après la chute du mur de Berlin. Brève, car c'est le laps de temps pendant lequel un seul pays dirige le monde. L'hyperpuissance américaine porte en elle, du fait de sa disparition programmée, le germe d'un monde multipolaire, car une telle hégémonie n'est pas acceptable et suscite en retour des revendications nationales multiples. Or la puissance intermédiaire ne peut s'épanouir que dans un monde réellement multipolaire. Il faut donc étudier cette réalité de l'hyperpuissance pour pouvoir penser la puissance intermédiaire.

La notion d'hyperpuissance correspond à l'hégémonie américaine consécutive à l'effondrement de l'URSS et à l'implosion du bloc soviétique. Elle ne s'oppose pas à la notion de superpuissance mais lui fait chronologiquement suite, et inaugure un nouveau contexte géopolitique et une nouvelle donne internationale. Elle se manifeste par une hégémonie, une domination sans partage, à tous les niveaux. Cette notion d'hyperpuissance a été théorisée par Hubert Védrine, ou encore par Zbigniew Brzezinski qui la définit ainsi : « On a vu des puissances hégémoniques depuis l'origine de l'humanité. Mais la suprématie des États-Unis aujourd'hui se distingue entre toutes par la rapidité avec laquelle elle est apparue, par son envergure planétaire et les modalités qu'elle revêt. Il aura fallu moins d'un siècle aux États-Unis, dont le rayonnement était jusqu'alors cantonné à l'hémisphère occidental, pour se transformer – sous l'influence de la dynamique des relations internationales – en une puissance dont le poids et la capacité d'intervention sont sans précédents[1]. »

La comparaison de l'hégémonie américaine avec celle qu'ont exercée les Empires romain, mandchou, mongol, ou britannique est très intéressante. C'est ce que Brzezinski nomme le « système global » qui confère aux USA la spécificité de leur puissance, là où la Chine ou encore Rome lui apparaissent comme des puissances « régionales ».

Le monde actuel vit toujours sous la protection ou le joug – selon l'angle où l'on se place – de cette hyperpuissance, mais il n'est nul besoin d'être devin pour prévoir la fin de cette période et le retour à un monde plus divers, composé de trois ou quatre superpuissances, d'une dizaine de puissances intermédiaires et du reste des nations.

Pour exister en tant que puissance intermédiaire de bon niveau, deux écueils sont à

---

1. Zbigniew Brzezinski, *Le Grand Échiquier, l'Amérique et le reste du monde*, Paris, Bayard, trad. Michel Bessière et Michelle Herpé-Volinsky, 1997.

éviter, deux maladies françaises : la prétention à l'universalisme et l'identification à
d'autres.

La France n'a jamais été une superpuissance ni *a fortiori* une hyperpuissance. Elle
s'est pensée alternativement comme
conscience universelle ou comme copie
d'autres grandes puissances. Deux attitudes
également dangereuses, insuffisantes, irréalistes. Première difficulté, la France a toujours été portée par l'idéal de l'universel, de
l'universalisme. « Fille aînée » de l'Église
depuis Pépin le Bref, « phare des peuples »
après la Révolution française, puissance colonisatrice au projet civilisateur, elle a toujours pensé sa puissance comme vecteur de
civilisation, comme moyen de répandre
dans le monde des valeurs qui lui paraissaient universelles.

Comme on le sait, cet universalisme « à
la française » puise son origine au XVIIIᵉ siècle,
dans les Lumières, et trouve son illustration la plus prégnante dans la définition de
valeurs communes à l'humanité que la
Déclaration des droits de l'homme et du
citoyen du 26 août 1789 grave dans le
marbre. Il se mue alors en universalisme

républicain : celui qui écrit la liberté, l'égalité et la fraternité sur le fronton de chaque mairie de France. L'universalisme républicain fait de la République une valeur qui doit s'imposer à tous, un creuset où s'abolissent les distinctions de sexe, de religion et de race. Vision inattaquable, certes, mais ethnocentrée et dont la prétention à l'universalité est remise en question par le postmodernisme, le multiculturalisme ou la mondialisation. Cette propension à l'universalisme s'élargit au monopole de l'Occident : « L'Occident qui a cru être le seul maître et le grand ordonnateur du monde global de l'après-guerre froide doit reconnaître qu'il n'a plus le monopole de l'Histoire[1]. »

Voilà pour cette vieille lune de l'universalisme. L'écueil de l'identification ne vaut guère mieux. C'est ainsi que la France a souvent pris comme modèle l'Amérique ou l'Allemagne avec, ces dernières années, une préférence pour la seconde.

---

1. Hubert Védrine, *Continuer l'histoire*, Paris, Fayard, 2007.

C'est vrai qu'on essaie toujours de s'identifier à plus puissant que soi...

L'identification à l'Allemagne, au modèle économique qu'elle propose, est aujourd'hui étonnamment forte. Outre son actuel prestige de leader de la zone euro, elle semble donner le ton dans la sortie de crise.

Ce besoin d'identification est ancien. Il remonte peut-être aux années 1870, à l'unification allemande et à cette « année terrible » que la France a vécue en 1871. L'Allemagne de Bismarck, si elle suscitait la méfiance et galvanisait un esprit revanchard en France à la fin du XIXe siècle, impressionnait aussi beaucoup. La rapidité du développement industriel, l'efficacité de l'armée prussienne, la vitalité des exportations... tout cela interpellait et effrayait les contemporains. L'envie porte aussi sur la vitalité intellectuelle germanique, notamment dans le domaine des sciences sociales naissantes en cette fin du XIXe siècle. L'érudition et ses méthodes (citation des sources, recours aux chiffres...) sont vantées par les chercheurs et les intellectuels français, qui organisent leurs travaux sur le modèle de grands érudits comme Mommsen et forgent leurs méthodes en histoire, en sociologie, en géographie... à l'aune du modèle allemand.

Après la Première Guerre mondiale, le redressement de l'économie allemande dérange et fascine. Quand il dérange, la France occupe la Sarre ; quand il fascine, des cartels franco-germano-belgo-luxembourgeois voient le jour. En 1926, ce fut la création de l'Entente internationale de l'acier qui réunit les aciéries de Burbach, Esch et Dudelange à l'initiative d'Émile Mayerisch, industriel luxembourgeois.

Après la Seconde Guerre mondiale, la construction européenne est d'abord celle d'un couple, le couple franco-allemand. Du duel au duo, la France et l'Allemagne sont parvenues à s'entendre et à construire ensemble. Des couples célèbres incarnent cette entente dans la seconde moitié du XXe siècle : de Gaulle et Adenauer, Giscard et Schmidt, Mitterrand et Kohl, Chirac et Schröder... Avant chaque conseil européen, un sommet franco-allemand s'interpose pour planifier les décisions à prendre. Vue depuis la France, l'Europe semble se faire avant tout avec l'Allemagne, provoquant souvent l'exaspération de nos autres partenaires.

On pourrait dire la même chose de l'Amérique, mais c'est tellement évident. Et comment ne pas se réjouir de cet apport permanent ? Mais en ce qui concerne l'Allemagne, l'identification se substitue à l'identité. Nuance importante car, au contraire de l'identification, l'identité implique la capacité à porter son propre projet. Et le projet, c'est ce qui définit le mieux l'autonomie, même partielle, de la puissance intermédiaire. Or, des projets, on n'en a pas manqué dans les trente dernières années, une vraie spécialité française... Nous avons toujours voulu et porté nos projets. À deux reprises, on a élaboré, puis présenté, des plates-formes politiques qui partaient du principe que la France était capable de bâtir son propre destin. Ce fut le cas en 1981, mais également en 2007. Certes, très vite ce volontarisme bute sur la réalité économique française. Il n'empêche, ce sont deux expressions ambitieuses de la volonté de conserver une existence propre. Peu importe qu'elles fussent de gauche ou de droite, elles ont structuré notre débat national. La prochaine fois, il faudra juste essayer de conjuguer de manière plus efficace le rêve et la lucidité.

La puissance intermédiaire combine donc à la fois des faits, des réalités établies par des chiffres et des indicateurs objectifs, mais aussi un discours produit sur ces faits, une perception, une interprétation de ceux-ci. C'est dans cette combinaison subtile que se joue l'action politique, que se construisent les projets, et avec eux, les réalités futures.

« Au total, si la France n'est pas "l'hyper-puissance" américaine, elle n'est pas une simple puissance *moyenne*. Elle fait partie d'une dizaine de puissances globales qui n'ont pas tous les attributs de la puissance et de l'influence, mais quand même une partie d'entre eux, membres permanents du Conseil de sécurité, membres du G8, puissances émergentes », conclura Hubert Védrine[1].

---

1. Hubert Védrine, *Le Figaro*, 10 avril 2007.

4

Un pays, deux discours

UN PAYS, DEUX DISCOURS, c'est le royaume du faux-semblant. Encore une forme de refus de la réalité, c'est la dissimulation des bons et des mauvais sentiments, un jeu de cache-cache permanent avec l'État, l'autre, le voisin, le collègue. C'est ce qui rend la discussion si difficile : tout discours sur la France par la France pèche soit par arrogance, soit par autodévalorisation, à l'heure où nous avons tant besoin de vérité et d'analyses objectives.

C'est vrai qu'ils n'ont pas tort, nos déclinistes favoris. Ils ont rassemblé de bons chiffres pour que s'impose la démonstration d'un effondrement inéluctable. Heureusement la vie est plus complexe, plus riche et, lorsque l'on fait l'effort d'approcher une vérité difficile à cerner, on s'aperçoit que la France est le royaume de l'ambivalence.

Souvenez-vous, ils nous ont parlé d'une industrie qui fuit, d'une protection sociale figée, d'un pays inégalitaire, d'une immigration incontrôlée. Et c'est vrai qu'il y a 10 % de chômeurs, que la richesse par habitant a décliné relativement. N'oublions pas les quelque cinq millions d'employés de la fonction publique qui donnent parfois le sentiment que le service rendu n'y est pas. Enfin, pour couronner le tout, il y a la dette, cette fameuse dette qui fait si mal et qui plombe l'avenir. Sur ce point, les délires sont faciles ; ainsi, si on prolonge la courbe de l'endettement sans la moindre rupture, le pays explose en 2050 avec un ratio de dettes publiques inimaginable, 260 %...

Comme si l'historien avisé qu'est Nicolas Baverez ne savait pas que le temps est fait de ruptures, de changements de cap, d'évolutions imprévisibles, et que la démographie, science exacte entre toutes, a pourtant du mal à prévoir ce que sera la population mondiale dans 50 ans.

Nous allons tenter un exercice périlleux et par nature très critiquable, celui de décrire la France de 2010, non pas à travers une centaine de chiffres macro-économiques plus ou moins significatifs et tous désolants, mais comme une vérité plus complexe, plus duale, en un mot plus proche de la réalité. Nous pourrons peut-être conclure sur la vision, assez différente, d'un pays plus dynamique, stimulé par une jeunesse impatiente et innovante aujourd'hui bâillonnée par une classe de seniors qui vit dans la nostalgie et dans la captation d'une part excessive des ressources financières de la collectivité.

Pour appréhender de manière évidemment trop rapide la réalité française, nous avons donc mis en scène trois couples de mots. Une France *active et inactive*, une France *jeune et sclérosée*, et peut-être encore plus une France *innovante et dépassée*. Ces six termes sont en eux-mêmes appropriés et justes. L'objectif n'est pas d'affirmer, de démontrer, mais de nuancer, avec quelques images ponctuelles, un univers particulièrement complexe.

Actif et inactif, voilà une première entrée dans le royaume de l'ambivalence.
Reprenons les critiques habituelles.

« Inactif » implique une préférence pour le loisir. Curieux, lorsque l'on voit le matin à 7 heures et le soir à 8 heures les métros et les RER bondés. La vérité est plus intéressante. La France est active et inactive à la fois.

Elle est aussi active et efficace. Nous entendons parler tous les jours du manque de compétitivité des entreprises françaises. C'est peut-être vrai pour les PME, et encore ! Mais évidemment faux pour les multinationales tricolores. En effet, le CAC est largement constitué de leaders mondiaux dans leurs domaines, ce qui n'était pas le cas il y a 20 ou 30 ans. Certes, ils font largement leur chiffre d'affaires ailleurs – comme les multinationales de tous les pays. LVMH est passé du statut d'une grosse PME dans les années 1990 à celui de leader mondial du luxe que l'on connaît aujourd'hui. BNP Paribas est devenue une très grande banque mondiale grâce à un modèle de développement unique tirant le meilleur parti des conceptions anglo-saxonnes et continentales de la finance. La grande distribution à la française, fondée par de grandes familles entrepreneuriales, rayonne partout dans le monde. AXA est aujourd'hui un des tout premiers assureurs mondiaux... Si l'on assiste effectivement à une forme de disparition de l'industrie française (22 % du PIB à 16 % en quelques années), il faut quand même rappeler que, avec l'industrie allemande, elle est l'une des deux exceptions des pays de l'OCDE, dont la compétence technologique et la diversité des secteurs restent très larges, allant de la mécanique de précision à tous les secteurs de l'aéronautique, en passant par l'automobile ou encore l'agroalimentaire...

Il faut réfuter une autre fausse évidence : l'argument souvent admis *a priori*, selon lequel les entreprises issues des diverses nationalisations seraient moins compétitives, a eu le vent en poupe jusqu'à récemment. Or, la participation de l'État au capital de ces dernières leur a permis de devenir des leaders mondiaux : EDF, GDG-Suez, Areva dans l'énergie, Alstom et EADS dans les industries technologiques.

Un autre lieu commun est de dire que les Français sont peu portés au travail, qu'ils attendent le week-end et les RTT avec impatience, comme les dépeint avec humour Ted Stranger[1]. On parle moins de la productivité horaire, l'une des plus fortes au monde, des 580 000 entreprises créées en 2009, dont 152 300 sociétés, ou des 11,3 millions de Français qui travaillent bénévolement dans des associations ; encore moins de l'hyperactivité de la production culturelle et artistique en France.

Revenons un instant sur les 309 057 auto-entreprises créées depuis janvier 2010. Même si ce chiffre est gonflé par de multiples critères plus ou moins fictifs, il n'en demeure pas moins impressionnant, dans un pays toujours présenté comme le royaume de la fonction publique. Alors que le nombre de sociétés et d'entreprises individuelles était sensiblement équivalent en 2008, la proportion de créations d'entreprises individuelles a atteint les trois quarts du total des créations d'entreprises à la fin 2009. Vu sous cet angle, il est difficile de parler encore de dilettantisme comme on le

---

1. Ted Stranger, *Sacrés Français ! Un Américain nous regarde*, Paris, Gallimard, coll. « Folio », 2004.

fait si souvent à l'étranger, mais aussi et surtout en France.

Tous les jours on nous annonce une délocalisation, mais on oublie de dire qu'à l'inverse la moitié des dirigeants des entreprises étrangères considèrent la France comme une destination attractive[1], notamment pour la qualité de son encadrement et de ses infrastructures. Il y a débat sur les chiffres d'investissements en France, mais quel que soit le point de vue adopté, ils sont impressionnants.

Dans le jeu des classements mondiaux, la France arrive au 5e rang pour la richesse créée par heure travaillée, après les USA, la Norvège, l'Irlande, la Belgique et les Pays-Bas.

On l'a dit, le tissu associatif français est l'un des plus denses au monde : l'hexagone compte plus de 1,1 million d'associations loi 1901 avec près de 60 000 créations par

---

1. Sondage TNS-SOFRES, « Tableau de bord de l'attractivité de la France », édition 2010, ministère de l'Économie, de l'Industrie et de l'Emploi.

an. Et ne nous trompons pas, l'engouement est réel : 3,5 millions de Français travaillent au moins deux heures par semaine en tant que bénévoles. Le taux moyen d'engagement des Français de plus de 15 ans dans les associations serait ainsi de 22,6 % (cette proportion monte à 51 % pour les retraités et préretraités.) Toutes ces actions ne viennent certes pas gonfler les chiffres officiels de la croissance, mais quel dynamisme !

Sur le plan culturel, la fin de l'exception française a souvent été annoncée mais ne s'est jamais traduite dans les faits. La France est un des seuls pays dans lesquels la production artistique se maintient et même augmente. Les acteurs du secteur ont su utiliser le soutien de l'État pour développer une industrie solide et variée. On compte en France plus de 2 000 festivals musicaux par an, des dizaines de festivals cinématographiques – Cannes et Deauville en tête. La France est un des seuls pays à avoir conservé une industrie cinématographique qui capte plus de 50 % des entrées de son marché intérieur et représente une source non négligeable d'exportations. Même chose pour l'industrie de la chanson, qui perçoit 73 millions d'euros de droits d'auteur à l'exportation. La littérature explose, 8 titres de livres paraissent toutes les heures, soit 76 200 ouvrages publiés en 2010 dont environ 50 % de nouveautés. Chaque année, 267 maisons d'éditions produisent 739 millions d'exemplaires. Quant à nos musées, ils accueillent près de 52 millions de visiteurs par an. Sans oublier les exportations, soutenues par des acteurs industriels de premier plan. Résultat, la filière culturelle emploie 490 000 personnes.

Le deuxième couple est tout aussi intrigant : une France *jeune et sclérosée*. Sans aucun doute, les grèves contre la réforme des retraites et les manifestations du mois d'octobre 2010 cristallisaient le refus de la réalité et ont révélé une angoisse collective face à l'évolution nécessaire de notre société.

La France serait-elle devenue vieille ? La France serait-elle le chef de file d'une « Vieille Europe », incapable par définition d'affronter les nouveaux défis du XXIe siècle ?
Il n'y a aucun doute, la France vieillit.

Les plus de 60 ans représentent aujourd'hui 22 % de la population, ils représenteront un Français sur trois en 2060. La part des 75 ans et plus devrait doubler. Cela nous conduit-il à avoir une vraie politique pour les jeunes ? Hélas, non. La France n'accueille guère sa jeunesse. Cela s'illustre par la précarité de l'emploi des jeunes qui enchaînent les CDD ou les stages, faute de proposition de CDI. En 2006, seuls 16 % des 15-24 ans en CDD ont obtenu un CDI un an plus tard, contre 70 % au Royaume-Uni. La France affiche un taux record de chômage des moins de 25 ans, supérieur de 5 points à la moyenne européenne.

Pourtant notre pays dispose d'un atout unique en Europe et même au sein de l'OCDE : le taux de fécondité le plus élevé après l'Irlande. C'est la France qui sauve l'Europe d'un choc démographique dommageable, car sans elle, le continent verrait son solde naturel divisé par deux. Les Françaises ont en moyenne 2 enfants contre 1,5 pour l'Europe à vingt-sept. Est-ce le signe d'une régression ou d'une confiance en l'avenir ?

Au-delà de la démographie, c'est surtout

le dynamisme des nouvelles générations qui fait aussi de la France un pays jeune. Elles s'intéressent – plus peut-être que les précédentes – aux enjeux sociétaux, ce qui se traduit par une formidable capacité à se mobiliser pour exprimer engagements politiques et craintes pour l'avenir. Le succès d'Erasmus, plus fort que dans n'importe quel autre pays d'Europe, contredit l'image fausse d'une jeunesse désireuse de fonction publique et de « vivre au pays ». En réalité, les flux d'expatriation vers Londres ou la Californie, du moins pour les plus qualifiés, sont importants, trop peut-être.

Si la France reste un lieu d'accueil et de promesses pour de nombreux étrangers, le modèle d'intégration français semble en panne depuis plusieurs décennies. L'immigration contribue pourtant à la dynamique économique de notre pays. Mais le concept d'acculturation à la française a démontré ses limites dans sa capacité à intégrer les deuxièmes générations d'immigrés. Un exemple parmi d'autres : le taux d'emploi des hommes de parents maghrébins est de 56 %, contre 74 % pour ceux nés de parents français.

Un deuxième mythe, l'un de ceux qui ont fondé la République dont nous sommes si fiers et qui s'effondre aujourd'hui, est celui de l'ascenseur social. L'idée d'égalité des chances et de méritocratie amorcée par l'école des instituteurs de la IIIe République – les *hussards noirs* –, si présente dans les années 1950, est bien mal en point depuis une trentaine d'années. Un exemple symbolique de l'inégalité des chances dans notre pays, c'est que la proportion d'enfants de parents peu qualifiés admis à Polytechnique a baissé de façon spectaculaire. La France est le pays de l'OCDE où les résultats scolaires sont le plus directement corrélés à l'origine socio-économique : 21 % contre 14 % en moyenne pour les autres pays. Le système éducatif français est aujourd'hui socialement déséquilibré, surtout au sein des banlieues : il y aurait deux fois plus d'enfants de zone urbaine sensible en retard de deux années scolaires que dans les autres quartiers. Triste bilan de politiques sociales en échec.

En réalité, s'il y a bien un point à concéder aux déclinistes, c'est la difficulté de mener à bien des réformes dans ce pays qui aime à se dépeindre comme révolutionnaire mais qui déteste le changement. En attesterait la sclérose d'un État qui se laisse aller à la procrastination quand il s'agit de prendre des mesures douloureuses, comme le souligne Pascal Bruckner[1]. Les multiples tentatives de réforme de l'État ont très vite sombré, c'est du moins la perception qu'on en a. Et pourtant, quand on voit l'évolution de l'enseignement supérieur et de la recherche, quel chantier ! Réforme bien menée, souhaitée par tous, avec le financement qui convient. Les universités sont devenues autonomes et maîtresses de leurs ressources financières. Et comme toujours, on est surpris de l'adhésion des adversaires acharnés du départ.

Surprenante France ! Dès que l'on semble progresser, une interrogation surgit et nous replonge dans le doute.

Une France *innovante et dépassée* : ce dernier couple est celui dont dépend l'espoir. Là aussi, rien n'est simple, rien n'est

----

1. Pascal Bruckner, *La Tentation de l'innocence*, Paris, Grasset, 1995.

joué. Et pourtant c'est bien la question centrale. La France est-elle capable de créer la richesse de demain ? Les déclinistes répondront non en s'appuyant sur le mot *dépassé*. Un mot trop fort, qui implique une irréversibilité insupportable. Dans les années 1950, ils avaient marqué au fer rouge un tiers-monde qui ne pourrait jamais, disait-on, rattraper le monde développé. On peut aujourd'hui constater à quel point ce jugement était prémonitoire ! Comme ce serait le cas ici si l'on nous condamnait sans appel. Car innovante, la France l'est, grâce à de solides fondamentaux. On a certes raison de s'indigner des 150 000 jeunes qui, chaque année, sortent du système scolaire et universitaire sans formation. Il n'empêche, le niveau de qualification des 25-34 ans est très élevé puisque 41 % ont fait des études supérieures contre 23 % seulement en Allemagne. Encore très supérieur au niveau américain, le tableau est moins flatteur pour la formation continue, qui est un exemple éloquent de la dualité française, à la fois première par la durée des activités de formation en proportion du temps de travail, mais moyenne par le taux de participation annuel. Ce qui est, dans son principe, une deuxième chance s'est perdu dans un système inefficace et coûteux.

Qu'en est-il de la recherche ? La part de la recherche et du développement dans le PIB est devenue une sorte de critère absolu pour classer les nations dans la course à la compétitivité. Or la France a rattrapé une partie de son retard grâce à une politique fiscale incitative. Aujourd'hui, elle dépense 2,05 % du PIB dans la recherche par an, derrière le Japon (3,3 %), l'Allemagne (2,53 %) et les États-Unis (2,8 %). Peut mieux faire. Mais ce n'est pas mal pour la proportion de personnel dans la R&D rapportée à la population : 13 pour 1 000 actifs contre 11 en Allemagne et 14 au Japon. C'est faible dans la capacité à transformer la recherche fondamentale en innovation. Certes, depuis 1936, le quart des lauréats de la médaille Fields sont issus de nos universités, mais cela ne suffit pas. Les domaines technologiques de l'avenir n'ont pas été assez aidés, le secteur de la biotechnologie concentre quatre fois moins d'investissements de recherche en France qu'au Royaume-Uni. Et on pourrait multiplier les exemples de ce type. Pourtant, la prise de conscience est réelle, les efforts de rationalisation entre les grands organismes de recherche sont balbutiants mais prometteurs, et le CNRS demeure une merveilleuse concentration de chercheurs talentueux dans le cadre d'une bureaucratie incorrigible.

Innovante et dépassée, on retrouve ce jugement ambivalent partout.

Ambivalents encore les chiffres de l'économie de l'Internet, qui représente déjà 7,2 % du PIB au Royaume-Uni en 2010, mais qui est beaucoup plus faible en France en dépit d'un tissu d'entreprises innovantes dans ce secteur porteur d'avenir. Fin 2009, on comptait 19,7 millions d'abonnés Internet haut débit, soit un parc qui a plus que doublé en 4 ans, et un taux de pénétration du haut débit fixe de 30 % qui en fait l'un des pays les plus avancés d'Europe, à égalité avec l'Allemagne, mais devant le Royaume-Uni et plus encore l'Italie et l'Espagne. 65 % de foyers français sont connectés à Internet, chiffre sensiblement au-dessus de la moyenne européenne (57 %). Même chose pour le très haut débit et pour l'équipement en PC. Cette demande favorise un mouvement vigoureux de création d'entreprises – près de 15 000 dans les secteurs technologiques et innovants, technologies de l'information, biotechnologies, nanotechnologies. Mais on pourrait et il faudrait faire beaucoup plus. Il n'y a pas assez de moyens financiers, donc beaucoup de jeunes pousses, de nombreux chercheurs ou créateurs d'entreprise innovants dans ces secteurs trouvent refuge ailleurs, dans des lieux réputés plus favorables à la créativité.

Moins ambivalents et même nettement positifs, les indicateurs sur les infrastructures, le système de santé, exceptionnel par sa qualité et surtout par son accessibilité, que l'OMS a même classé le meilleur au monde. Pourquoi se priver d'un bon chiffre alors même que l'on se désole, à juste titre, du classement de Shanghai sur la qualité des établissements d'enseignement supérieur ?

Tout aussi flatteur que les performances du système de santé, le premier rang de la France pour le nombre de marques commerciales déposées par habitant.

Tout compte fait, le bilan est plutôt positif. Même pour le financement ; lorsque l'on analyse les chiffres du *private equity*, notamment ceux du risque, on observe qu'en quelques années la collecte de capitaux et les investissements associés sont devenus très importants en France, deuxièmes en Europe et sûrement parmi les cinq premiers au monde, y compris pour l'amont, ce qu'on appelle l'amorçage. Même regard équilibré pour nos dernières initiatives de politique industrielle. Le Grenelle de l'environnement et le grand emprunt ont permis de mettre en lumière qualités et défauts : l'abus des discours et des promesses évasives, mais une vraie ambition d'anticiper les évolutions technologiques majeures des vingt prochaines années. Et la capacité de s'appuyer sur les secteurs industriels existants pour l'environnement, comme la gestion de l'eau ou le traitement des déchets, de favoriser des regroupements de forces intellectuelles éparpillées, en un mot de financer le long terme. Encore faut-il passer à l'acte...

Que faut-il déduire de toutes ces données ? Que le verre est à moitié vide et à moitié plein, mais qu'il se remplira au lieu

de se vider pour peu que l'on veuille bien
admettre que les potentialités des jeunes
générations sont loin d'avoir été exploitées.

5

Une mondialisation mal digérée

AUCUNE CHANCE de réussir cette aventure de la puissance intermédiaire si nous ne nous débarrassons pas de cette mauvaise querelle que nous avons avec la mondialisation. Et d'abord avec l'Europe des vingt-sept, qui représente pour nous un véritable concentré de la difficulté à vivre intelligemment dans un monde ouvert et coopératif. Car cela impliquerait d'aborder sereinement les mots terribles de *perte de souveraineté, d'abandon de degrés de liberté*, pour mieux rebondir sur ceux de *projet collectif*, de *liberté partagée*, de *diversités reconnues*. Il est vrai que la mondialisation, encore bien conceptuelle, bien théorique et bien détestée, prend souvent le visage d'une Europe mal aimée. Pour nous, la difficulté de la mondialisation, c'est la difficulté de l'Europe. Elle nous conduit toujours à l'outrance, dans une tension entre deux positions excessives et contradictoires : nous voulons toujours aller plus loin dans l'Europe, mais nous sommes toujours les derniers à transposer les directives européennes. La France dans l'Europe, c'est un peu le mauvais élève qui lève toujours le doigt... du fond de la classe, signe d'une bonne volonté décalée. Bref, nous voulons une Europe française, nous refusons une France européenne !

Pour la mondialisation, c'est la même chose. Nous sommes les premiers à théoriser les développements, à en présenter le caractère inéluctable et heureux, sans en faire une critique raisonnable. Mais simultanément, nous appelons à l'universalité de nos valeurs, à tout ce qui semble être, dans notre légitimité historique, en opposition avec une mondialisation que nous ne maîtrisons pas. Pour surmonter cette contradiction, il nous faudrait rendre la mondialisation moins théorique et plus réelle : il va falloir s'y adapter, car elle est là et pour longtemps.

Il nous faut aborder et comprendre de manière simultanée la complexité du problème européen et la brutalité d'une mondialisation en devenir. Cela signifie qu'il faut repenser les multiples erreurs commises dans les dix dernières années vis-à-vis de l'Europe, liées à nos excès d'amour et de haine, assimiler le fait que la mondialisation est une réalité mouvante qui verra ses règles profondément changer à la sortie de la crise économique, et bâtir enfin une stratégie intelligente dans un monde largement reconfiguré. Intelligent, cela veut dire lucide sur notre poids, également éloigné de l'arrogance d'une grande puissance qu'elle n'est plus et de la soumission d'une puissance moyenne qu'elle n'a jamais été.

Pour cela, il faut unifier les discours, d'abord celui sur l'Europe.

Par exemple, on dit que l'Europe c'est formidable, et en même temps on souligne à l'envi la contradiction entre élargissement et approfondissement. Ceci est loin d'être anodin, car l'élargissement déstabilise non seulement les ennemis classiques de la construction européenne, mais aussi ceux qui ont été le soutien traditionnel de « plus d'Europe ». En dépit des discours sur l'obligation morale de soutenir la démocratisation et le retour à la liberté à l'Est, lorsqu'il s'est agi d'adhésion, l'idée est née d'une fuite en avant, d'une dilution du projet européen dans une zone de libre-échange, voire l'idée que l'Europe élargie avait perdu son âme[1].

On le voit, le double discours est patent. Il se satisfait du « syndrome Bourlanges[2] », pour qui l'Europe « fait semblant », pour qui cet objet politique inédit, capable de permettre aux « États-nations constitutifs de l'Europe des six de répondre solidairement aux défis de la mondialisation, continuera à fonctionner certes, mais sans développement institutionnel et politique majeur ».

Autre exemple, le souhait du retour à l'Europe des politiques à géométrie variable, voire au premier cercle des fondateurs. Les élites politiques françaises, lorsqu'elles s'intéressent aux affaires européennes, ont une vision de l'Europe qui,

---

1. Christian Lequesne l'analyse de manière très juste dans *La France dans la nouvelle Europe. Assumer le changement d'échelle*, Paris, Presses de Sciences-Po, coll. « Nouveaux débats », 2008.
2. Élu au Parlement européen en 1989 sur la liste de Simone Veil, il démissionne en cours de mandat fin 2007.

dans les faits, a peu évolué par rapport au contexte d'avant 1989. Il s'agissait de la petite Europe de l'Ouest, une « Europe européenne » démarquée des États-Unis. C'était une Europe dont le mode de décision reposait sur un « fonctionnalisme tranquille », méthode inaugurée par Jean Monnet et consistant à engager des solidarités de fait dans des domaines concrets, qui, par un effet d'engrenage, entraînaient d'autres solidarités dans d'autres domaines, sans se poser la question d'une finalité politique. Dans ce cadre, la France pouvait imposer assez facilement ses initiatives. Le changement d'échelle né de l'élargissement de 2004 signifiait la fin du leadership franco-allemand – ainsi que la fin de l'Europe puissance.

Autre exemple symptomatique, non pas d'ambivalence, mais de confusion : d'un côté on favorise, assez maladroitement, l'écroulement du traité de Nice ; de l'autre on fait tout pour le modifier. Jusqu'au traité de Lisbonne qui nous régit, et cela dans l'indifférence générale.

En matière économique, nous jouons le

même jeu du bon et du mauvais élève. Nous sommes à l'origine du seuil des 3 % de déficit public, mais c'est contre nous que la Commission européenne a dû lancer la procédure disciplinaire d'alerte précoce dès novembre 2002.

Autre querelle, inutile car sans rapport avec le vrai débat : celle du fédéralisme européen.

On sait bien en France que l'Europe ne s'est pas construite sur un modèle fédéral, mais à partir de coopérations essentiellement économiques qui ont petit à petit engendré des transferts de souveraineté significatifs. Et pourtant, d'aucuns continuent de rêver à des « États-Unis d'Europe », à un fédéralisme qui pourrait extirper les nationalismes et les égoïsmes nationaux. On oscille entre positions confédéralistes, selon lesquelles la nation française doit perdurer et continuer d'exercer sa souveraineté, et fédéralistes, qui veulent abandonner leur souveraineté jusqu'à former un jour une seule nation communautaire. On passe sans nuance du rejet du nationalisme au rejet de la nation. La France ne cesse de s'enfermer dans l'une ou l'autre de ces positions, et c'est pour cette raison qu'elle est en permanence en rupture d'équilibre avec les traités européens.

Ce sont à ces va-et-vient permanents qu'il faut mettre un terme. L'Europe existe, c'est une donnée et c'est une bonne chose. Ce sera encore mieux plus tard. Et c'est l'unique levier d'un rebond possible.

La France et l'Europe sont désormais plongées dans un espace non stabilisé, celui d'empires encore largement en voie de constitution ou de réémergence et évidemment concurrents, notamment sur l'appropriation des ressources rares. Quelle place peut occuper une puissance intermédiaire, mal à l'aise dans son sous-ensemble européen, au début d'une nouvelle phase de l'Histoire, alors qu'elle s'interroge sur ce qu'elle est ? Pour le savoir, il faut commencer par appréhender cette nouvelle mondialisation, par prendre conscience de ce qu'elle n'est pas, c'est-à-dire un projet exclusif et définitif. Car le concept même est *flou*, redondant, cannibale, daté, culturel ; c'est une vieille rengaine, une litanie qui avale tout et qui pourtant s'impose à nous. Il faut donc que nous en maîtrisions intellectuellement la réalité pour nous y insérer plus intelligemment qu'aujourd'hui. Pour cela il faut se confronter à ce concept mouvant et imprévisible.

« Depuis sa première apparition en 1962, le terme de "mondialisation" est passé du jargon au cliché. La revue *The Economist* l'a appelé "le mot le plus galvaudé du vingt et unième siècle" : il est clair que, de mémoire vivante, aucun terme n'a voulu dire autant de choses pour autant de gens[1]. »

En fait, la mondialisation dépasse largement les frontières de l'économie, elle recouvre de nombreuses réalités différentes, et surtout porte en elle, comme l'a bien montré Daniel Cohen, sa propre contradiction. La contestation de la mondialisation fait partie de la mondialisation elle-même. Lorsque Peter Sloterdijk parle de modernité, il ne dit pas autre chose : la mondialisation a cette capacité à intégrer tous les phénomènes culturels qu'elle semble menacer, comme le symbolise parfaitement le patrimoine immatériel classé par l'Unesco,

---

1. Neyan Chanda, *Au Commencement était la mondialisation*, Paris, CNRS, 2007.

un « inventaire à la Prévert[1] » qui recense pêle-mêle l'acupuncture chinoise ou l'art de l'imprimerie sur caractères de bois, le carnaval d'Alost en Belgique ou le chant ojkanje en Croatie. Un mélange de cultures à toutes les sauces. Mais surtout, la mondialisation investit tout. C'est en cela que l'on peut dire qu'elle est cannibale, d'abord culturellement et intellectuellement, parce qu'elle nous semble tout avaler sur son passage à l'image du panthéon romain, qui intégrait tous les dieux des régions soumises au fur et à mesure des conquêtes – on n'est jamais trop prudent !

Mais en matière de divinités, peut-être est-elle moins romaine que grecque. Elle est un peu autophage parce qu'elle dévore même ce qu'elle enfante, comme Cronos dévore ses enfants. Elle menace l'appareil de production et les structures sociales qu'elle a contribué à développer et qui garantissaient son équilibre. Elle appelle donc un paradoxe : au fur et à mesure de l'extension du marché et de l'expansion du libre-échange, on assiste à une fragmentation

---

1. *Le Monde* du 18 novembre 2010.

sociale, culturelle, territoriale et nationale. Mais est-ce réellement un phénomène nouveau ? Bien sûr que non.

Il s'agit en fait d'un concept relatif et redondant ; une certaine appréhension de notre rapport au monde. « Lorsqu'en Mésopotamie l'empire de Sargon d'Akkad et de son petit-fils Naram-Sin s'étend des eaux du Golfe à celles de la Méditerranée, celle-ci est considérée comme réalisée. Babylone est le centre du monde. Les quatre points cardinaux sont atteints[1]. » Phénomène qui n'est pas nouveau donc mais historique, et qui, à chaque période, voit apparaître une nouvelle hégémonie. Ainsi de la domination européenne, américaine, chinoise… En fait, elle est toujours la traduction d'une hégémonie, dans les quatre volets de la puissance : l'économique, le culturel, le diplomatique, le militaire.

À chaque phase de mondialisation, on retrouve les mêmes constantes : révolution des transports et des moyens de communi-

---

1. Gérard Chaliand, « La définition du géostratège », in *L'Atlas des mondialisations*, hors série n° 4, *La Vie/Le Monde*, 2010-2011, p. 28.

cation, rôle stratégique des innovations, rôle essentiel des États, mais aussi des acteurs privés, depuis le capitalisme marchand de la bourgeoisie conquérante à la Renaissance jusqu'aux firmes transnationales et aux ONG aujourd'hui. Là aussi, rien de nouveau.

La mondialisation suscite ainsi des rapports d'amour et de haine. C'est un processus, une contingence de l'Histoire. L'appréhension du phénomène par les Occidentaux se limite à celles que nous appelons les première et deuxième mondialisations, celle de 1850 et celle d'aujourd'hui. Globalisation financière, développement des migrations internationales, boom économique porté par la révolution industrielle, division internationale du travail.

Si celle de 1850 s'est épanouie sans rencontrer de résistance, elle n'a pas été définitive pour autant. La mondialisation est un mouvement permanent de flux et de reflux, de contraction et d'expansion, de diastole et de systole. Celle d'aujourd'hui rassemble autant qu'elle segmente. Curieusement, le rôle des États semble retrouver tout son sens, car seules les puissances publiques peuvent réguler la mondialisation en fixant des normes, en redistribuant les richesses, en aménageant les territoires. En fait, loin d'abolir l'espace, la mondialisation redonne au contraire toute leur force aux singularités locales. La mondialisation est ainsi en train de se muer imperceptiblement en « glocali-sation », juxtaposition à l'infini de poli-tiques locales, visant à décliner à leur façon une économie mondiale qui s'inscrit d'abord et avant tout dans des lieux, un « espace vécu[1] ». On assiste notamment à un repli de l'Occident sur un espace protégé. Les puis-sances européennes sont ainsi nostalgiques de leurs marges de manœuvre qui auraient disparu, de l'impossibilité de toute politique économique et sociale autonome.

Paradoxalement, en ce début de XXIe siècle, la mondialisation peut donc être considérée comme en recul. Comme si elle n'avait cons-titué qu'une phase historiquement circons-crite dans l'histoire de l'humanité. Pourtant, pour beaucoup de pays, elle apparaît tou-

----

1. Armand Frémont, *La Région, espace vécu*, Paris, Flammarion, 1976.

jours comme un horizon d'attente : « C'est parce qu'elle n'advient pas, et non parce qu'elle est advenue, que la mondialisation aiguise les frustrations[1]... »

Qu'en est-il pour la France ?

Elle souffre apparemment d'une « globalophobie ». Dans une enquête d'opinion IPSOS[2], un peu plus de la moitié des Français déclarent avoir une opinion négative de la mondialisation. Mais ils ne sont pas les seuls, cette opinion étant partagée par l'ensemble des classes moyennes occidentales, qui se voient en victimes expiatoires de la mondialisation.

Une telle perception négative s'explique certainement en partie par le fait que, pour cette majorité de Français, le processus profite plus aux autres qu'à eux-mêmes.

Comme Amélie Poulain, la France se représente un fabuleux destin irréaliste, mythifié dans un passé idéalisé, une France pittoresque

---

1. Daniel Cohen, *La Mondialisation et ses ennemis*, Paris, Grasset, 2004.
2. Avril 2005.

et charmante préservée des tentacules uniformisateurs de la mondialisation, fière de l'authenticité d'un Montmartre populaire… dont on se garde bien de dire qu'il est pris d'assaut par les touristes mondiaux.

Il est donc nécessaire de repenser le rapport de la France à son identité, au regard d'un phénomène dominant comme la mondialisation. En accepter la force et la réalité, c'est admettre que la volonté irréaliste de s'ériger en modèle universel n'est plus recevable, mais aussi reconnaître ses atouts non négligeables dans le jeu global, à commencer par la langue et la culture françaises. La langue est un élément essentiel, parce qu'elle conditionne la structure de la pensée. À l'heure où les échanges internationaux se font dans un anglais hasardeux, moins anglais que *globish*, il est déterminant pour la France de pouvoir compter sur une zone qui partage avec elle la même langue.

Une puissance intermédiaire comme la France a donc toute sa place dans la mondialisation, parce qu'elle est à la fois prête à coopérer et soucieuse de faire respecter son identité. En l'occurrence, la principale carte à y jouer, c'est la capacité à se projeter en Europe.

On sait qu'aucune avancée ne s'imposera plus dans les toutes prochaines années. Il faut donc changer de terrain et, dans une mondialisation culturellement détestable, se fixer pour ambition de défendre et de promouvoir la culture européenne.

Existe-t-elle ? Bien difficile de répondre à cette question. Malgré le puissant mouvement de convergence initié par la construction européenne, l'Europe est le continent de la diversité et de la différence.

Mais, pour l'historien Robert Frank notamment, on peut déceler en Europe des traits communs d'ordre culturel, économique ou politique qui transcendent les composantes nationales, et qui sont des éléments objectifs d'une civilisation européenne. Pour lui, l'identité européenne ne consiste pas seulement à partager des traits identiques, mais aussi à en avoir conscience. « L'identité européenne est fondamentalement culturelle ; elle se définit face à l'Autre et se nourrit de l'altérité civilisationnelle[1]. »

Il existe une culture européenne, qui a

---

1. Robert Frank (dir.), *Les Identités européennes au XXe siècle*, Publications de la Sorbonne, Paris, 2004.

une histoire autant qu'un projet. C'est d'ailleurs peut-être par elle qu'il aurait fallu commencer, en la fondant évidemment sur la diversité, des langues, des histoires nationales, des religions, des architectures, des systèmes politiques.

En tout état de cause, c'est une clé pour surpasser les incompréhensions, les désillusions, les impuissances, dans ce dialogue si difficile entre une puissance intermédiaire comme la France et la très subtile question de la mondialisation et l'éternelle question européenne.

Rien n'est fini

TOUT REPOSE sur une hypothèse, celle d'une société française qui n'est pas ce à quoi elle ressemble, une société de forces cachées, d'innovations prêtes à se développer, de cohésions sociales destinées à se constituer. Si cela n'était pas le cas, la disparition ne serait pas loin. Aucune fascination pour l'idée de générations jeunes plus talentueuses que leurs prédécesseurs, car là comme ailleurs la loi de Gauss[1] est la seule vérité. Mais l'Histoire existe et ce sont les hommes qui la font parce que l'environnement y est favorable, parce que l'époque est plus stimulante, parce que les convictions sont plus affirmées. C'est là tout le pari : nous serions dans cette phase

---

1. La fameuse courbe en cloche de Gauss exprime, en l'occurrence, la permanence de la répartition des talents à travers les âges.

où l'optimisme reprend le dessus. Tout simplement parce que les difficultés présentes font souffrir, mais font aussi créer. Aujourd'hui, les idées et les débats sont à l'emporte-pièce. On est pour ou contre le réchauffement de la planète, favorable ou non à la nationalisation des banques, persuadé ou non de la nécessité du protectionnisme et de la guerre des monnaies. Tout cela est à la fois vain, car éloigné des réalités, et nécessaire, parce qu'on ne bâtit pas un nouvel équilibre sans avoir bousculé toutes les formes de conformisme. Le conformisme est celui de ma génération qui porte sur la société française un discours anxiogène qui ne correspond pas à la réalité. Pourquoi le fait-elle ? Vraisemblablement parce qu'elle rationalise un parcours trop heurté et contradictoire. Un discours inexact, du moins est-ce ce que je pense.

Comme toujours dans ces périodes d'incertitudes intellectuelles, la contre-réforme, au-delà de ses excès, comporte une part de vérité.

L'idéologie du « Tout Marché » a créé une utopie – celle d'Attac – qui, comme toute utopie, est excessive mais révélatrice. « Il existe des alternatives, dit Attac : nous ne sommes pas condamnés à subir les ravages de cette mondialisation et le cynisme des élites. » Nous y voilà : Attac souligne ce fossé qui se creuse entre le « peuple » et les « élites », entre « les espaces perdus de la démocratie » et « la sphère financière ». Les élites ne sont plus en mesure de répondre à ces incertitudes, parce qu'elles ne sont plus légitimes. Et elles ne sont plus légitimes parce qu'elles ne savent pas susciter la confiance qui autorise tout, même les réformes.

Est-ce si vrai que cela ? Ne serait-ce pas que nous incarnons plus qu'ailleurs cette idée de Huntington[1] selon laquelle le discours de la supériorité définitive de nos sociétés produit des élites à son image ? Les élites, sous-entend-il, partagent un système de valeurs communes : c'est la « culture de Davos ». Ceux qui y viennent « partagent tous la même foi dans les vertus de l'individualisme, de l'économie de marché et de la démocratie politique. » Ce sont des responsables politiques, des journalistes,

----

1. Samuel P. Huntington, *Le Choc des civilisations*, Paris, Odile Jacob, 1997, p. 71.

des chefs d'entreprise, qui parlent la même langue, sous-tendue par une culture intellectuelle commune. Mais si « la culture de Davos » est importante, « dans le monde entier, cependant, combien de personnes partagent cette culture[1] ? ». Cette capacité revendiquée à partager une culture « universelle » supérieure encourage les incompréhensions et surtout la méfiance des autres.

Lorsque les Français parlent de l'urgence de faire quelque chose, mais réagissent négativement à des réformes venues d'en haut, c'est avant tout à cause du décalage qu'ils perçoivent entre leur propre situation et le diagnostic des élites ; entre une exemplarité supposée des élites et la leur. Les élites ne se rendent pas compte que leur pessimisme sur l'avenir de la société est en contradiction avec la confiance des hommes et des femmes en leur propre avenir. Interrogés individuellement, les Français sont de fait nettement plus optimistes : 96 % d'entre eux

____

1. Samuel P. Huntington, *Le Choc des civilisations*, *op. cit.*

se déclaraient en 2009 « heureux » ou « plutôt heureux » dans la vie[1]. En d'autres termes, s'agissant de leur propre sort, les Français ne sont pas aussi inquiets qu'ils en ont l'air. Ils sont inquiets en revanche du tournant que prend la communauté dans son ensemble. Se joue ici une « rupture de confiance institutionnelle », pour reprendre les mots du sociologue Alain Mergier, sous-jacente depuis longtemps, mais qui surgit de façon plus vive avec la crise. Ce hiatus segmente la société comme on segmente, aujourd'hui, les marchés.

Ce qui est valable au niveau micro l'est aussi au niveau macro. Aucune peur n'est irrémédiable, comme l'a dit Jean-Paul Betbèze[2] : « Cette crainte de changer l'économie par l'économie, de modifier les règles, peut être réduite, puis vaincue. [...] Il faut des jalons, des relais, des points de rencontre, avec des victoires rapides pour

---

1. « Les Français et la santé mentale », enquête IPSOS réalisée pour le service d'information du gouvernement les 10 et 12 octobre 2009 sur un échantillon de 1 000 personnes de 15 ans et plus.
2. Jean-Paul Betbèze, *La Peur économique des Français*, Paris, Odile Jacob, 2004, p. 208.

reprendre espoir. Il faut fabriquer des réseaux de toutes sortes, avec des buts spécifiques, et mesurer leurs progrès. Les supports ne manquent jamais. Souvent, nous faisons déjà un peu ce travail de changement, mais il n'est pas assez organisé, structuré, déployé sur vaste échelle. Surtout, nous ne le disons pas, *nous ne nous le disons pas*. »

Comment passe-t-on de la défiance à la confiance ?

La défiance est le produit de ces regards croisés sur nos sociétés : celui des hommes qui ignorent les rapports de force, celui des élites qui ne voient pas les potentialités qui résident en chacun. « Au fond, explique Jean Viard, nous avons la vie dont rêvaient nos grands-parents : la paix, un haut niveau de protection sociale, une espérance de vie en hausse, une pauvreté réduite et un niveau de vie important. Seulement les politiques ne savent pas le dire[1]. »

D'où l'idée que la confiance doit être placée au cœur d'un projet politique et écono-

---

1. Jean Viard, *La Croix* du 15 novembre 2010.

mique : il s'agit de retrouver une confiance collective, que les élites doivent être en mesure de susciter, en s'appuyant sur chacun des acteurs, en luttant contre l'entre-soi. En d'autres termes, pour produire des biens matériels, nous avons besoin de retrouver un bien immatériel : la confiance.

Cette confiance est économiquement productive ; la défiance ne l'est pas. Yann Algan et Pierre Cahuc précisent que le déficit de confiance justifierait jusqu'à 66 % de notre écart de revenu par habitant par rapport à la Suède ! Si nous étions aussi confiants que les Suédois, le PIB aurait crû de 5 % en France et le chômage aurait baissé de 3 points. La France se classe ainsi au 17e rang des satisfaits de leur situation actuelle.

La segmentation du corps social en corporatismes, au sein desquels se jouent au nom du statut la répartition des richesses et celle des avantages, ainsi que le dirigisme d'État qui se substitue aux partenaires sociaux, creusent la défiance. Elle aboutit à la peur du marché, se traduit par la construction de barrières pour préserver les acquis, (barrières qui se cachent sous le manteau de la régulation de la concurrence). En réalité, rien n'est régulé, et les relations professionnelles demeurent les plus conflictuelles de l'OCDE.

L'Allemagne ménage sa confiance, parce qu'elle fait confiance aux partenaires sociaux. Les États sociaux-démocrates scandinaves, au sein desquels la cohésion sociale est la plus forte, maintiennent la confiance par la transparence et le caractère universaliste de leur système de redistribution. Dépasser la défiance, c'est renouer avec les capacités à faire naître et à respecter les conditions d'un dialogue social en bonne et due forme (avec des syndicats plus représentatifs), et à lutter contre l'angoisse de perdre (ou de ne pas trouver et retrouver) son emploi.

En réalité, le terreau est beaucoup plus favorable qu'on ne l'imagine. On peut repérer cinq signes de vitalité qui illustrent à quel point le pire n'est jamais sûr.

Tout d'abord, les Français ont l'envie d'apprendre et l'envie de transmettre. En 2000, l'Europe des quinze réunie à Lisbonne

avait mis dans son « Agenda 2010 » la
« société de la connaissance » en ligne de
mire. Pour réussir, il fallait être plus compétitif, donc plus productif et plus qualifié,
c'est-à-dire mieux formé. 75 % d'une classe
d'âge titulaire d'une licence, une élite dont
« l'assiette » serait plus large et tirerait vers
le haut les salariés les moins qualifiés en
leur permettant de se former tout au long
de la vie. Inutile de rappeler que la stratégie
de Lisbonne fut un échec. Mais un sondage
eurobaromètre publié en 2005 montrait
déjà que « les solutions que les citoyens de
l'Union européenne envisagent sont, dans la
majorité des cas, en accord avec cette stratégie ». En d'autres termes, chacun veut se
former, mais les obstacles sont nombreux,
surtout dans notre pays. Parmi eux une
école, non adaptée. Les enquêtes PISA[1]
montrent une explosion du système : les
meilleurs élèves français font partie des
meilleurs au niveau international – avec la

---

1. Sur la place de la France dans les enquêtes du programme international pour le suivi des acquis des élèves
(PISA), voir Christian Baudelot et Roger Establet, *L'Éli-
tisme républicain – l'école française à l'épreuve des com-
paraisons internationales*, Paris, Seuil, 2009.

Finlande et la Corée du Sud ; les plus faibles sont du niveau du Mexique et de la Turquie. La situation d'aujourd'hui est d'autant plus paradoxale que la France a toujours mis en valeur les *cursus honorum* dont sont issues les élites. Jusqu'à présent, nous avons cru à nos élites, parce qu'elles étaient le fruit de la méritocratie républicaine. Or, cette méritocratie s'essouffle.

Plus largement, on conçoit l'éducation comme un bien en soi, qui favorise l'ouverture au monde, la tolérance, la compétence, indépendamment de l'héritage social ou du capital culturel. Mais en creusant les inégalités, l'école engendre aussi la défiance : les premiers, qui s'en sortent, partagent le mieux les valeurs de la cohésion, tandis que les autres, parce qu'ils se sentent relégués par le système, se défient de ces mêmes valeurs. Les tensions au sein de la société sont donc en partie alimentées par la non-satisfaction des attentes – sans doute démesurées – que les Français placent dans leur système scolaire[1].

---

1. François Dubet, Marie Duru-Bellat, Antoine Vérétout, *Les Sociétés et leur école*, Paris, Seuil, 2010.

Pourtant, les Français apprennent, à tous les âges : les succès des cours du soir, des universités populaires et des universités du troisième âge le démontrent. Les universités du temps libre, des associations souvent adossées à de vraies universités, proposent des cours qui ne débouchent sur aucun diplôme – et n'en requièrent donc aucun. Celle d'Aix-Marseille par exemple compte plus de 3 000 inscrits. Les publics ? Des retraités, qui se forment parce qu'ils en ont le temps, mais aussi des salariés, enseignants, ingénieurs, magistrats, qui profitent d'un peu de temps libre ou de RTT pour approfondir leurs connaissances, en amateurs. La culture scientifique connaît aussi un certain succès – 3,5 millions de visiteurs à la Cité des sciences par an, quand les sites Internet de la Réunion des musées nationaux sont visités par 8,5 millions de personnes. L'Université de tous les savoirs propose un grand nombre de conférences, toutes disciplines confondues.

La reprise de formations au cours de la vie professionnelle, même si elle reste encore trop confidentielle, est de grande qualité : le

CNAM forme presque 100 000 personnes par an, auditeurs et élèves, en France et à l'étranger dans une trentaine de centres, propose 1 200 unités d'enseignement en économie et gestion, en sciences et techniques industrielles, en nouvelles technologies et en RH. La soif de savoir se manifeste aussi par l'usage d'Internet : lieu de partage par excellence, il favorise la collaboration et la transmission des savoirs, quand bien même elle demeure perfectible : Wikipédia en France est fréquenté par 15 millions de visiteurs différents par mois !

Face aux limites de l'école et du système de formation diplômant, les Français ne renoncent donc pas à penser, à se former en s'informant et à se construire par eux-mêmes, en dépit de la place grandissante du diplôme dans la vie professionnelle. L'autonomie de l'accès au savoir, en dehors du système scolaire, s'accentue. C'est ce que montre, pour la jeune génération, le sociologue Hervé Glévarec[1] : la culture personnelle des élèves se trouve certes à mille

---

1. Hervé Glévarec, *La Culture de la chambre*, Département des Études de la prospective et des statistiques, 2009.

lieues de celle de l'école, mais elle est un équilibre permanent entre le capital culturel familial, la « culture jeune » produit de la culture de masse, et leur propre envie de savoir.

Quant à la recherche, dont on déplore le manque de réactivité, l'incapacité à s'adapter et à s'insérer dans un tissu économique appliqué et innovant, il faut rappeler qu'elle a le mérite d'offrir des fondamentaux solides et de qualité. Notre pays compte 80 pôles de compétitivité et quelques domaines d'excellence : mathématiques, biologie, nanotechnologies, sciences humaines et sociales. C'est la richesse de ses acteurs qui fait la richesse des sciences françaises.

Rien n'est donc fini : il faut repérer, aider, simplifier la création d'entreprises dynamiques et accompagner cette soif de savoir, parce qu'elle entraîne la soif de travail qui porte les Français.

Car ce goût du travail est bien réel. On le cache derrière un écran idéologique, un mythe, qui consiste à dire que la France est un pays d'assistés, aux prestations sociales trop élevées pour encourager le retour au travail.

À cette mythologie de l'assistanat s'ajoute le carcan, réel celui-ci, du Code du travail. L'État légifère sur tout, dans les moindres détails, il sape la confiance dans les capacités de négociation entre les acteurs. Pierre Cahuc et Yann Algan ont bien montré que c'est parce que la défiance persistait entre salariés et employeurs que l'État a, par exemple, fixé un salaire minimum contraignant, accentuant en retour cette même défiance. Quand les pays nordiques ont un salaire minimum négocié de façon décentralisée par les syndicats, représentatifs et puissants, la France légifère et centralise.

Quant à notre système d'aide au retour à l'emploi et de prise en charge des chômeurs, il se caractérise par son inefficacité et ne correspond pas aux besoins actuels de la société. La fusion de l'ANPE et de l'Unedic a certes amélioré un peu la situation, mais elle reste difficile. Le traitement des dossiers est trop long, les pistes d'emploi proposées insuffisantes pour un retour sur le marché du travail. La transition vers d'autres professions n'est pas favorisée. On ne cherche pas à changer d'emploi, à prendre ce risque, lorsque l'on sait que le système d'assurance chômage n'encourage pas cette transition. Ces carcans sont réels. Mais le dynamisme demeure, là encore.

On arguë souvent, du fait de la très forte protection de l'emploi qui caractérise notre marché du travail, que les Français ne s'adaptent pas aux conséquences de la mondialisation. C'est une vision erronée. Les capacités réelles d'adaptation demeurent, le marché du travail s'est effectivement assoupli ces dernières années, et l'enthousiasme d'entreprendre n'a pas disparu. C'est parce que l'on prend comme seule référence les salariés des très grandes entreprises que l'on perd de vue le dynamisme d'un tissu économique local. Le CAC 40 n'est pas le lieu où l'on crée le plus d'emplois ! En témoigne le succès de l'auto-entreprenariat.

Quant aux capacités d'adaptation, ce sont des compétences mises chaque jour en valeur par la jeune génération qui entre sur le marché du travail. Le *multitasking*, sa capacité à gérer plusieurs objets en même temps, propre aux *digital natives*, les rend même sans doute plus efficaces dans le tissu économique d'aujourd'hui que leurs aînés.

Et de fait, celle qui se définit comme la génération Y, ou la génération du *pourquoi*, manifeste son goût pour un travail choisi, évolutif et souple.

Il faut donc, en définitive, dépasser notre tendance à ne percevoir que la destruction de valeur à court terme, pour discerner à terme les potentialités qui se cachent derrière la nouvelle économie et chez la nouvelle génération.

L'immigration est un autre objet de malentendu, qu'il faut savoir regarder autrement. On imagine souvent que la France est l'un des pays d'Europe les plus exposés aux flux migratoires, que les immigrés nous prennent notre travail et nos allocations, qu'ils nous coûtent cher et refusent de s'intégrer. Tout cela relève du fantasme.

La France accueille mal ses immigrés ; c'est un fait. Mais elle n'est ni envahie, ni trop fermée. 100 000 étrangers sont naturalisés chaque année, 150 000 arrivent légalement sur le territoire. On réduit souvent l'immigration au regroupement familial. Mais le regroupement familial est un droit ! Il n'est que la conséquence d'une immigration qui, elle, est économique. Et de fait, l'immigré n'est ni plus fainéant, ni plus délinquant qu'un natif. Il travaille, occupe souvent des emplois moins qualifiés qu'un natif, mais bénéficie aussi de formations en France.

L'immigration est une chance ; économiquement, intellectuellement et culturellement. Elle oblige à remettre en question nos certitudes sur notre modèle de société, qu'elle contribue aussi à construire. Mais elle réactive surtout une pierre angulaire de notre société : celle des valeurs auxquelles nous croyons. Cela ne supprime pas pour autant les difficultés d'une intégration réussie, qui mérite les efforts de la collectivité en tant que telle, et de chacun en particulier.

Le Français a le goût du travail, il a confiance en son avenir personnel, n'est pas aussi défaitiste qu'il en a l'air, n'est pas condamné à finir en bas du classement des pays développés. Pourtant, à l'extérieur comme à l'intérieur, on garde surtout l'image du Français qui se plaint, du Français qui fait grève, du Français qui n'aime pas le changement, du Français qui n'est jamais satisfait de sa condition. Image tenace ! Déjà, dans ses *Mémoires d'espoir*, en 1970, le général de Gaulle écrivait que « les rapports sociaux restent empreints de méfiance et d'aigreur. Chacun ressent ce qui lui manque plutôt que ce qu'il a ». Et la France se réduit à cette image de cortèges de défense des acquis, d'apitoiement sur son propre sort, jusqu'à devenir, dans les clichés d'outre-Atlantique, *Strikeland*, le pays de la grève !

Pourtant, les Français se disent heureux. L'objet de leur bonheur ? La réussite professionnelle, la vie familiale, le partage.

En témoigne leur goût du loisir qui, selon l'enquête sur les pratiques culturelles des Français d'Olivier Donnat, recouvre 16 % des dépenses des ménages. Plus encore, les Français savent aussi être exemplaires dans leur aide aux plus démunis. Loin de l'idée que l'État doit tout faire, chacun s'attache à reconstruire un lien social de proximité qui n'est pas simplement une réussite individuelle. L'engagement y est vivace, les Français donnent de leur temps et de leur argent pour faciliter l'insertion sociale des plus faibles. Plus de six millions de ménages donnent aux associations caritatives, pour un montant, en 2010, de 3,3 milliards d'euros.

Les Français cherchent et construisent un style de vie qui leur est propre. Ce bonheur privé se construit loin du politique, parce que le politique a pris son autonomie par rapport à la société civile, parce que les normes et les rapports de force que présente « le haut » sont éloignés des envies et des objectifs des Français. Les sensibilités, les initiatives et les discours de la société civile ne sauraient se confondre avec eux. Les individus définissent moins les conditions de leur bonheur selon leurs liens sociaux ou leur respect des normes qu'ils ne s'affirment comme sujets.

Paradoxalement, cette affirmation d'autonomie personnelle ravive aussi le désir de l'égalité : dans une société fondamentalement inégalitaire, l'égalité est toujours au cœur de ses valeurs. Avec la crise, Marcel Gauchet souligne que l'appétit d'égalité n'a jamais été aussi fort. Mais nous souffrons, dans la crise que traversent aussi nos institutions et le concept même « d'élite », de notre incapacité à y répondre. Dans une conférence consacrée aux dimensions politiques de la crise, il affirmait ainsi que la situation de crise, persistante depuis les années 1970, entretenait en premier lieu « la *délégitimation en profondeur des élites*, dont la traduction politique est essentiellement négative », et « une désaffectation à l'égard non seulement de l'engagement politique mais aussi de l'implication politique la plus élémentaire ». En second lieu, elle entraîne « un scepticisme à l'égard de l'offre politique et un *repli massif sur les valeurs du privé*. Là, on peut observer cette évolution vers la valorisation du domaine privé, qui s'effectue même de manière acritique vis-à-vis des valeurs publiques mais qui les désaffecte de l'intérieur[1]. »

Cette soif d'égalité, de partage des richesses, demeure inassouvie. Elle alimente parfois le populisme, mais elle conduit aussi à raviver un désir de justice sociale. La diversité des revenus, la prise de risque économique sont bien sûr acceptées, mais pas au

---

1. Marcel Gauchet, « Les effets paradoxaux de la crise », conférence donnée le 1er octobre 2009, au cours d'une journée d'étude du CEVIPOF.

point où quelqu'un puisse gagner 500 fois le SMIC par an quand d'autres peinent à boucler leurs fins de mois. Le tassement des classes moyennes et le creusement des inégalités, les plus riches devenant toujours plus riches, de façon parfois indécente, sont violemment rejetés. Le modèle de la réussite individuelle, de l'enrichissement personnel, ne fascine pas, bien au contraire, parce qu'il est toujours vu comme se faisant au détriment des autres. Le modèle du *self-made man* n'est pas un modèle français, parce que le Français considère que toute réussite personnelle est le fruit d'une réussite globale, à laquelle tous ont pris leur part. D'où la nécessaire redistribution des revenus. C'est la compréhension de cet horizon et de ces potentialités, qui n'est en rien schizophrène, qui permettra de restaurer ce capital si précieux qu'est la confiance. Les conditions de la confiance se créent. Et elles se créent en dépassant les privilèges.

7

L'énigme du vieillissement

DERNIER OBSTACLE au maintien de notre statut de puissance intermédiaire, la hantise d'être une société vieillissante. Une fois de plus rien n'est écrit. Le vieillissement n'est peut-être pas voué à être un handicap. Tout dépend de l'organisation sociale à venir, donc des politiques menées. Car chacun doit être conscient du fait que le choc démographique sera, au-delà de la crise économique et financière actuelle, l'élément clé des années à venir. D'une part parce qu'il concerne tous les pays du monde, avec les trois éléments qui l'ont constitué – baisse de la mortalité infantile, baisse de la fécondité, allongement de la durée de vie –, mais surtout parce que ce vieillissement mondial s'étale dans le temps avec une chronologie précise et structurante pour notre avenir : ralentissement net dans les pays de l'OCDE, plus éloigné dans les pays émergents, plus tardif encore en Afrique qui sera la grande gagnante. Ceci aura évidemment beaucoup de conséquences sur les flux migratoires, sur la nature et le poids des dépenses publiques – santé et retraite –, sur nos conceptions du travail et de la consommation. Le débat sur les retraites de ces derniers mois nous a donné un avant-goût des confrontations à venir, mais ce n'était rien par rapport aux choix et orientations que nous devons prendre dès aujourd'hui pour nous développer demain.

Dans une vision lucide et consciente des difficultés mais au fond optimiste, je crois que plus que la crise financière, le choc démographique nous contraint à une remise à plat de nos atouts et de nos handicaps. Et il est permis d'imaginer une issue favorable à cette démarche, à condition que nous soyons capables de mesurer les bouleversements à venir, d'imaginer et d'orchestrer les équilibres totalement nouveaux qui restent à créer, sur tous les marchés, celui du travail, celui des biens et services fournis, celui de l'épargne et de l'investissement. Car tous les paramètres économiques actuels vont évoluer aussi rapidement que l'allongement constaté de la durée de vie.

Reconnaissons-le, *a priori*, le vieillissement n'est pas une très bonne nouvelle, du moins pour le dynamisme de nos sociétés. Quelques chiffres pour fixer le cadre du débat : en France jusqu'en 2035, la proportion des personnes âgées de 60 ans ou plus progressera rapidement, de 21,5 % en 2007 à un peu plus de 30 % en 2035, quelles que soient les hypothèses retenues sur l'évolution de la fécondité, des migrations ou de la mortalité[1]. La population des 60 ans et plus passerait ainsi de 13,3 millions en 2007 à 21,3 millions en 2035 tandis que la population atteindrait près de 70 millions d'habitants. L'augmentation à venir de la population sera donc essentiellement celle des 60 ans et plus.

Dans ces conditions, l'un des facteurs essentiels pour la croissance économique – l'augmentation de la population active –

---

1. Document de travail INSEE, Nathalie Blanpain et Olivier Chardon, « Projections de populations 2007-2060 », novembre 2010.

devrait être relativement faible dans les prochaines décennies. La croissance de l'emploi devrait, en effet, être de l'ordre de 0,1 % en moyenne, à comparer aux 0,6 % en moyenne des années 1990 à aujourd'hui, ce qui devrait induire en toute logique une moindre croissance économique. On le sait, le ratio entre actifs et inactifs va continuer à se détériorer ; pour 100 personnes d'âge actif, il y avait 86 personnes d'âge inactif en 2007, il y en aurait 114 en 2035, ce qui ne peut que rendre plus lourds les financements de notre système de protection sociale. Tout cela est bien connu, mais donne quand même le sentiment d'un avenir sinon sombre, du moins difficile. Et les économistes ne nous aident guère dans la mesure où ils ont le plus souvent et depuis longtemps une vision négative du vieillissement.

La population est au cœur d'une réflexion intellectuelle et philosophique qui s'est nouée avec une intensité exceptionnelle à la fin du XVIIIᵉ siècle. Sur l'économie politique naissante et l'optimisme des Lumières, un acteur emblématique, Malthus, vient greffer une réflexion démographique tragique. S'il n'est pas le premier, il demeure celui qui, jusqu'à nous, symbolise le débat. C'est bien d'ailleurs ce qui nous trouble aujourd'hui : cette intimité entre l'économie, la réflexion sur la population et l'ambition de faire sortir de leur condition les « pauvres », individus et nations. D'autres économistes ont marqué l'histoire du développement de cette interdiscipline croisant économie et démographie : comme Marx. L'un et l'autre ont pensé, réfléchi, disserté sur le rôle de la population dans la croissance économique. Mais cette interrogation sur l'avenir de nos sociétés ne s'est jamais vraiment arrêtée. À la fin de la guerre, elle redevient centrale, souvent pessimiste. Alfred Sauvy et Robert Debré poussent un cri d'alarme devant « l'envahissement des vieillards ». Une vision d'apocalypse : baisse de la productivité individuelle, décroissance de la population active et de l'épargne des agents économiques, et poids croissant de dépenses souvent dépeintes comme improductives – la santé, la retraite, la dépendance – au détriment des investissements d'avenir.

Les premiers modèles de croissance, si importants pour les économistes qui modéliseraient cette transition démographique, ont contribué à renforcer cette vision d'une chute importante de la production réelle par habitant au cours des prochaines décennies. Évidemment, le Japon, qui est une des premières économies avancées à avoir connu ce processus de vieillissement, était supposé illustrer parfaitement la stagnation à venir des économies vieillissantes. La réalité est plus complexe. Paradoxalement, les progrès de la productivité du Japon pendant les années 2001-2007 ont été annuellement de 1,6 %, une performance respectable parmi les pays développés, supérieure par exemple à celle de la France qui ne fut que de 1,2 %. Autre surprise, la Suède, dont le taux d'activité des seniors est exceptionnellement important, a connu, elle aussi, des gains de productivité élevés sur les années 2001-2007, supérieurs même à ceux des États-Unis. Comment expliquer cette apparente contradiction avec bon sens et, du même coup, reprendre peut-être espoir ?

Tout d'abord parce que le vieillissement s'accompagne – on ne le dit jamais – d'un véritable rajeunissement de la population. L'augmentation de l'espérance de vie à 60 ans est-elle due uniquement à l'amélioration de la santé des plus de 60 ans ? En réalité, cette bonne nouvelle est beaucoup plus générale. C'est l'amélioration de la santé des jeunes actifs qui contribue à la réduction de la mortalité aux âges plus avancés[1]. D'une manière générale, toutes les études confirment l'amélioration de la santé à tout âge, dans les économies développées, ce qui concerne évidemment les actifs. On peut donc parler d'un véritable rajeunissement. L'impact potentiel sur l'économie est considérable et porteur d'optimisme : meilleure productivité des actifs, et surtout possibilité d'un recul significatif de l'âge de la retraite permettant de maintenir la croissance de la population active ou du moins de limiter sa décroissance.

Non seulement on vit plus longtemps, mais plus longtemps en bonne santé. On a

---

1. Ce constat est fondé sur l'étude aux États-Unis de trois générations, la première née entre 1835 et 1845, la deuxième entre 1920 et 1930 et la troisième entre 1980 et 1990.

constaté des gains de plusieurs années dans l'occurrence des maladies chroniques ou des incapacités. Il existe aujourd'hui un relatif consensus pour considérer qu'en moyenne 75 ans marque l'entrée dans la « vieillesse », avec une augmentation de la prévalence des maladies et handicaps de fin de vie.

La remise en cause de la vision négative de l'avenir des sociétés vieillissantes ne s'arrête pas là.

Le constat récent d'un impact de l'investissement dans la santé sur les gains de productivité invite à s'interroger à nouveau sur les relations entre dépenses de santé, longévité et productivité. On sait qu'on ne peut exclure le fait que l'investissement dans la santé aille de pair avec une longévité moyenne croissante et simultanément avec des gains de productivité dynamisant l'économie. Dans les économies développées, on a constaté que les dépenses de santé en faveur des moins de 40 ans sont celles qui ont le plus de retombées sur les progrès de productivité, ce qui est évidemment un résultat de très grande importance.

Il semble également que l'augmentation de l'espérance de vie soit de nature à inciter à l'investissement dans l'enseignement et la formation, dès lors que l'horizon d'amortissement s'allonge. Il est de même acquis que l'investissement dans l'enseignement supérieur est une source de futurs gains de productivité, surtout dans les pays à bon niveau technologique. On peut aussi imaginer un cercle vertueux entre les dépenses de santé, la longévité, l'investissement dans l'enseignement supérieur et les gains de productivité.

Cette vision est peut-être optimiste, mais elle est évidemment essentielle comme cadre de réflexion sur les politiques à mener, tout en faisant preuve de prudence. L'investissement dans le capital humain ne saurait constituer une réponse miracle à la chute de la productivité au-delà d'un certain âge. C'est là toute la difficulté des années à venir. Il est en effet essentiel d'adapter les investissements aux mutations démographiques actuelles, en tenant compte de l'évolution des individus dans le temps. À quel moment faut-il les former, lorsque la durée de vie au travail augmente ? Aujourd'hui, on sait qu'on ne forme plus personne à partir de 55 ans, ce qui rend toute évolution de carrière impossible. Autre difficulté, il ne peut être exclu que les dépenses de santé, dont la croissance forte va se poursuivre, ne se fassent au détriment des dépenses d'éducation, ou même que l'efficacité relative des systèmes de santé et d'éducation actuels ne limite considérablement les effets économiques positifs des investissements dans ces deux secteurs.

Redoutables problèmes auxquels la France, comme les autres pays, doit répondre. Mais avec des spécificités fortes. Car au cours des dernières décennies, elle n'a pas réussi à se rapprocher du niveau technologique stimulé par une économie innovante comme celle des États-Unis, pas plus sur le plan des nouvelles technologies que sur celui des technologies de la communication et des biotechnologies. C'est ce qui explique en partie sa perte de compétitivité et sa faible performance en termes de progrès de productivité.

Or, la nouvelle frontière technologique des futures décennies se trouvera vraisemblablement dans les industries de la santé, notamment l'industrie pharmaceutique, les gérontechnologies, l'industrie numérique de la santé et les services de soins à la personne. On peut donc imaginer que les nouveaux médicaments et les nouvelles pratiques médicales, qui constituent les sources essentielles d'augmentation des dépenses de santé, vont contribuer à la croissance grâce à l'extension de secteurs à haute valeur ajoutée et à forts potentiels d'innovation. On tient là un secteur clé à fort effet d'entraînement sur l'économie. Ce type de dépenses est de nature à favoriser aussi bien l'émergence de nouveaux produits très innovants que de nouvelles activités riches en emplois : les services à la personne. On peut même penser qu'une nouvelle convergence se dessine entre les technologies de la communication et le secteur de la santé avec la télémédecine – la téléassistance, la télésurveillance l'illustrant dès maintenant. Et la position de la France dans l'industrie pharmaceutique reste forte, même si elle est en recul. N'y a-t-il pas là une chance à saisir pour tirer profit de la future frontière technologique et engranger ainsi de futurs gains de productivité ?

Les leviers de la productivité recensés pourraient y trouver un écosystème favorable à leur mise en œuvre.

Mais une telle orientation nécessite de repenser entièrement nos politiques publiques et privées tant au niveau du système d'innovation qu'au niveau du marché des capitaux, du marché des biens et services et du marché du travail.

Autre politique publique, liée au vieillissement, sur laquelle on se doit d'avoir un regard nouveau : celle de l'immigration, qui est évidemment une opportunité pour peu qu'elle soit traitée avec lucidité et ambition.

On le sait, d'ici à 2050, la population en âge de travailler ne devrait pas croître notablement. Cette quasi-stabilité repose sur plusieurs hypothèses : le maintien de l'âge légal de départ à la retraite sur cette période ainsi qu'un solde migratoire annuel de l'ordre de 100 000 personnes.

Faut-il alors envisager une immigration supplémentaire ?

Abandonnons tout de suite l'idée simpliste qu'une immigration jeune puisse compenser les effets du vieillissement de la population en maintenant constant le ratio de dépendance économique, car il faudrait envisager des taux d'immigration très excessifs, tout en ne faisant que reporter le problème.

L'immigration raisonnable, définie comme permettant une véritable intégration, présente de nombreux avantages pour tous. Il est acquis que l'immigration rapporte financièrement plus au système social qu'elle ne coûte, ce qui sera de nature à soulager le financement de la protection sociale. Ce bilan est vérifié, même si on tient compte du faible taux de retour des immigrés dans leur pays d'origine au moment de la retraite.

Mais ensuite, la politique d'immigration est définie selon le niveau de qualification de ceux qui arrivent. Et là, si les mots peuvent varier, il n'empêche, il faut faire nôtre l'idée d'*immigration choisie.*

Reste que la question du financement de la protection sociale n'est pas résolue pour autant. La hausse rapide des dépenses sociales – retraite et santé – qui résulte du processus de vieillissement pèsera évidemment sur les actifs ; et ceci n'est pas soutenable à long terme si on prolonge les tendances des années 2000. Le financement de ces dépenses sociales nécessite des gains de productivité annuels du travail d'environ 1 %, ce qui est de nature à confisquer la plus grande partie des accroissements de revenu des actifs si le progrès de productivité se maintient sur la tendance de 1,2 % des années 2000.

Il est donc obligatoire d'atteindre un niveau de gains de productivité annuels d'au moins 1,5 % pour que le revenu net d'un actif puisse continuer à progresser à hauteur d'au moins 0,8 % par an. Les gains de productivité à venir représentent l'élément fondamental de la croissance des dépenses sociales dans les prochaines décennies. Ceci nécessite de la croissance, et donc des investissements. Car le développement de ces nouveaux secteurs et le positionnement de l'économie française dans des domaines technologiques évolués ne peuvent que nécessiter un financement massif par l'investissement. C'est la grande interrogation des années à venir : au-delà de la réduction des déficits publics, qui exclut l'État de ces financements, le système bancaire risque d'être frileux dans les années qui viennent. Il nous faut donc épargner pour investir et le vieillissement modifie complètement les comportements. C'est peut-être dans ce domaine que le vieillissement a l'impact le plus fort. La politique économique a un formidable défi à relever : favoriser l'épargne longue, celle qui a tendance à s'investir.

Il était généralement admis que les jeunes et les plus anciens désépargnent tandis que les actifs épargnent, surtout les plus jeunes des actifs. Le taux d'épargne serait donc positivement corrélé à la proportion d'actifs, et négativement corrélé à la proportion de retraités dans la population. Or, la longévité croissante pourrait inciter à des taux d'épargne plus élevés à tous les âges, dans la mesure où il devient nécessaire pour les agents d'anticiper un profil de consommation sur une période plus longue.

Heureusement, cette prédiction n'est pas systématiquement vérifiée dans les économies développées et la situation est très contrastée selon les pays. Baisse de la consommation plutôt que baisse de l'épargne ? Cet arbitrage, qui serait réalisé par les ménages à la retraite, constitue une inconnue. Le maintien d'un taux d'épargne significatif aux âges avancés renforce le caractère énigmatique de cette observation.

C'est ici que se rejoignent crise financière, désendettement des ménages et choc démographique. La France est plutôt bien placée avec son taux d'épargne record. Encore faut-il que l'on canalise cette épargne vers les productions à venir, c'est-à-dire que l'on prenne des risques. Si l'on est optimiste sur la société française, on peut en rêver.

8

Lignes d'avenir
pour un nouveau siècle

F AISONS LE PARI que la France possède encore aujourd'hui ce statut si particulier et si enviable de puissance intermédiaire. Nous sommes convaincus également qu'elle dispose d'atouts à jouer dans ces années troubles. Mais il nous manque un atout essentiel, la confiance dans notre vie collective et surtout dans le regard que nous portons sur nous-mêmes.

Nous avons la chance d'être soumis à deux chocs, l'un économique, l'autre démographique. Ils sont de nature à favoriser le changement. « Changement » plutôt que « réforme », mot si ressassé par les politiques qu'il en est galvaudé. Et bien trop associé à la sanction pour ouvrir au contraire la perspective d'un avenir différent.

Le récent débat sur les retraites illustre

parfaitement ce propos, car il n'y fut jamais question ni de l'emploi des jeunes, ni de celui des seniors. C'est pourtant là que se noue le vrai problème. L'emploi des seniors serait un handicap pour embaucher des jeunes ! Voilà quel genre de contresens engendre l'impossibilité de créer un climat favorable à la confrontation normale des convictions, noyées dans l'impératif d'un concept unique.

Fuir les fausses contraintes

Le succès des années à venir repose sur six manières nouvelles de repenser les articulations de la société civile et de l'économie, les relations aux autres, notamment dans le travail, le nouveau partage des relations État-marché, le contrat social d'une société apaisée, la relation à une Europe puissance, la résolution du conflit intergénérationnel et le partage du savoir, c'est-à-dire l'innovation. Autant de questions qui ne trouveront pas de solutions définitives ici. Mais elles doivent être évoquées car elles sont à la fois les contraintes du futur et les moyens de les dépasser. Pour cela il nous faut effectuer une révolution intellectuelle et morale à laquelle nous sommes peu habitués : nous débarrasser de ces pesanteurs que crée l'idéologie, à l'inverse accepter les contraintes du monde moderne. Ce sont ces dernières qui nous importent. Mais nous sommes tellement soumis aujourd'hui à la pression des conformismes, des idées préconçues, des pseudo-logiques, que nous sommes inconsciemment conduits à refuser les contraintes réelles sous prétexte qu'elles seraient idéologiques.

En France, le terme de « marché » est marqué du sceau de la négativité ; il ne suscite que défiance, comme l'ont montré Augustin Landier et David Thesmar[1]. Au nombre des tares qu'on attribue aux marchés financiers, leur vision à court terme opposée à l'idéologie du durable ; leur brutalité ; l'accroissement des inégalités de richesse qu'ils engendrent. La perception négative du marché est liée, chez les Français, à la mutation d'une culture

---

1. Augustin Landier, David Thesmar, *Le Grand Méchant Marché*, Paris, Flammarion, 2007.

étatiste en culture antilibérale, résultat d'un hiatus entre un désir utopiste de changer le monde indépendamment du réel d'une part, et les interdépendances qui caractérisent le réel d'autre part.

Mais l'image d'un marché absolument efficient n'est pas plus juste pour autant : véhiculée par ceux qui participent à son fonctionnement, elle repose sur une idéologie qui sanctifie la rationalité et l'efficience des mécanismes financiers.

Il faut donc replacer le marché à sa juste place. Il n'y a pas plus de marché omniscient et infaillible que de marché systématiquement faillible. Il n'y a pas non plus de capitalisme absolu et unique, qui serait une organisation parfaite et aboutie de la société – comme le sous-entend Fukuyama dans sa « fin de l'Histoire[1] ». Le capitalisme comme les marchés sont des constructions économiques sur le long terme. Braudel explique que le capitalisme comme « civilisation » est avant tout une création qui a répondu précisément à des contraintes historiques.

------

1. Francis Fukuyama, *La Fin de l'Histoire et le dernier homme*, Paris, Flammarion, 1992.

Il en va de même pour l'Europe : envisagée soit comme solution miracle, soit comme origine de tous nos maux, elle est aujourd'hui enserrée dans un faisceau d'idéologies qui confine à la liturgie. Elle est positive pour les « européistes », qui poussent vers plus d'intégration, placent la construction d'un État fédéral au cœur du devenir des États membres, grâce au dépassement des différences – politiques, culturelles, etc. – qui finiraient par disparaître du fait de la réussite de l'intégration économique, premier étage de la fusée. Face aux « européistes », les eurosceptiques ont une vision négative de l'Europe, ogre unificateur qui intégrerait tous les États dans une logique de pur marché, sans considération pour les plus faibles, ou qui réduirait à néant les rares éléments de souveraineté nationale qui nous restent. Mais ces eurosceptiques n'aspirent qu'à devenir euro-réalistes : il suffirait de donner au projet européen un contenu plus concret, plus économique.

Le même raisonnement vaut pour la flexibilité du marché du travail, notamment vis-à-vis des jeunes. Bien entendu, le Code du travail est d'une complexité et d'une inefficacité uniques dans les pays développés. Là où on prétend le mieux protéger, on obtient les résultats les plus négatifs, notamment pour les politiques de l'emploi destinées aux moins de 25 ans et aux plus de 55 ans. Beau succès ! Comment accepter ces caricatures de stages de quelques mois, aussi difficiles à obtenir qu'une embauche définitive ? Ou cette tragédie des préretraites qui perdure et qui n'est rien d'autre qu'une solution à l'amiable pour résoudre, par le départ des seniors, les difficultés sectorielles du marché du travail ?

La confiance passe par la coopération

Dans tous ces domaines, le cercle vicieux de la défiance naît de la conviction du destinataire que le mandataire ne lui fait pas confiance ; il ne se sent donc pas lié à lui, ni aux obligations qui structurent normalement un lien réciproque de confiance. Pour susciter la confiance de l'autre et briser le cercle vicieux, il faut être capable, sans naïveté, de la garantir. Cela suppose de ne faire que les promesses que l'on est en mesure de tenir, de suivre une feuille de route qui ne soit pas irréaliste, en un mot, de tenir un langage de vérité. Les marges de manœuvre doivent être clairement identifiées au préalable, les conditions d'exécution clairement énoncées, les évaluations efficacement mises en place. Dans le cadre européen, par exemple, si la confiance avec nos partenaires s'est étiolée, c'est que notre désir d'aller plus loin dans l'intégration a toujours été assorti d'une mauvaise traduction des directives européennes dans la législation française. Le décalage entre le discours tenu à Paris et celui tenu à Bruxelles a accentué la méfiance de nos partenaires. Pour que se nouent les coopérations, il ne faut pas jouer double jeu.

Elles doivent donc être respectueuses, transparentes, exclure les rapports de force implicites, avoir des objectifs clairement déterminés. La coopération passe par une reconnaissance de l'autonomie des acteurs ; elle passe enfin par une confiance dans ses potentialités.

Utopie que tout cela ? Bien sûr que non ! L'histoire de notre pays est faite de tensions et de conflits. Mais lorsque le réseau des contraintes est identifié, le miracle peut se produire.

Ce fut le cas plus souvent qu'on ne le pense. J'évoquerai ici une de ces périodes heureuses. Celle où le projet politique, l'opinion publique et les institutions d'un pays ont marché d'un même pas, avancé dans la même direction. Cette période, c'est celle des années 1880 en France. La IIIe République, proclamée le 4 septembre 1870 dans la débâcle militaire, secouée quelques six mois plus tard par la Commune de Paris, s'était enfermée dans l'« Ordre moral » imposé par les éléments les plus conservateurs. Thiers puis Mac-Mahon avaient mis en place cette IIIe République presque contre leur gré, en l'attente du retour d'un roi que la France cherchait encore... Les monarchistes à la Chambre étaient toujours majoritaires. Mais à partir de 1876, les républicains, malgré la violente censure dont ils font l'objet, remportent les élections. Le Sénat, encore hostile, est conquis en 1879. Mac-Mahon démissionne la même année.

S'ouvre alors le temps d'une république républicaine : celle de Léon Gambetta, de
Jules Ferry ou encore de Jules Grévy, président de la République. Ces hommes qui
s'étaient battus pendant presque dix ans
pour voir triompher l'idéal républicain, qui
étaient partis à l'assaut des voix des cam-
pagnes françaises à l'appel de Gambetta, arrivent au pouvoir et font triompher la République. Le projet qu'ils mettent en place
alors restera fondateur pour la France,
inaugurant une république laïque, démo-
cratique et parlementaire. Certes l'opposition existe, les monarchistes n'ont pas dit
leur dernier mot, les radicaux espèrent pouvoir aller plus loin, mais le temps des républicains « opportunistes » est celui de la
création des écoles normales d'instituteurs
(1879), de la gratuité de l'enseignement pri-
maire (1881), de la liberté de la presse
(1881), de la liberté syndicale (1884) ou de
l'institution du divorce (1884)... Ces projets
se réalisent parce que le temps est venu, et
que l'opportunité d'avancer doit être saisie.
Ce temps fondateur de notre République
vient clore un siècle de révolutions inauguré
en 1789. François Furet voit qu'en 1880 « la

Révolution rentre au port ». L'idéal républicain s'inscrit dans le marbre : le 14 juillet sera le jour de fête nationale, et la *Marseillaise* l'hymne de la France.

Des politiques pour le nouveau siècle

Ce fut un moment d'innovations, de réformes profondes, d'occasions saisies. Est-ce le cas aujourd'hui ? La crise nous y pousse. J'ai déjà indiqué à quel point celle que nous vivons est une rupture profonde. Il faut donc que nous soyons conscients de nos forces et de nos faiblesses, que nous pensions les politiques économiques aux niveaux mondial, européen et français, et surtout que nous le fassions avec méthode, en suivant une hiérarchie réfléchie et explicite des problèmes à résoudre, qui rétablisse la confiance.

D'abord le G20. Il faut tout le G20, mais sans vision naïve d'une coopération mondiale. L'objet du G20 porte exclusivement sur les marchés des biens et services, des capitaux, des changes et des flux migratoires.

Cela suppose de se fixer comme but de stabiliser les prix pour redonner au monde le sentiment qu'il peut recommencer à vivre dans un univers rationnel. L'ambition du G20 doit être, en priorité, d'éviter une guerre des monnaies, car si rien n'est fait, elle aura lieu.

Certes, cela fait des décennies qu'un très grand nombre d'économistes travaillent sur la détermination de parités qui seraient représentatives d'un équilibre optimal. Tous les modèles ont été testés, tous les paramètres et variables utilisés, toutes les théories plus ou moins validées. Et pourtant, aujourd'hui, aucun mécanisme régulateur ne donne le sentiment que l'irrationalité constatée de l'évolution des taux de change peut être surmontée. La tâche du G20 est donc immense : c'est un cadre de relations économiques international qu'il doit bâtir.

Mais pour nous, l'essentiel du meilleur projet est ailleurs.

Il est au niveau de l'Europe et de cette puissance intermédiaire qu'est la France. L'Europe est aujourd'hui, et peut-être pour longtemps, une Europe de coopération d'États-nations, plurinationale, plurielle, *e pluribus unum*. Elle est moins institutionnelle et politique que culturelle, car c'est la manière de rapprocher les peuples de leur histoire millénaire. Elle est vitale car nous ne pourrons pas nous passer d'une Europe puissance économique.

Nous n'avons plus le choix. Si nous voulons laisser derrière nous cette période dangereuse de volatilité permanente des marchés et d'attaques sournoises contre l'euro, il faut agir vite et bien. Il s'agit, en un mot, de faire l'inverse du lent accouchement européen auquel nous assistons depuis des mois. Bien entendu, le préalable est de se décider à gérer nos budgets publics avec rigueur. Mais le réalisme consiste à procéder avec un calendrier précis et opportun, des engagements réels sur quatre ou cinq ans. Nous sommes, pour l'essentiel, dans le moyen terme.

Et puis il y a les urgences.
Tout d'abord, nous sommes pieds et poings liés entre les mains d'agences de notation peu nombreuses et peu transparentes.

Leur monopole est dévastateur. Sur ce premier point, comme cela est également suggéré aux États-Unis, il est impératif de diversifier les opinions sur les situations budgétaires, présentes et à venir, des pays attaqués en Europe. La diversité des opinions est le seul moyen de se sortir, à court terme, du piège mortel d'un jugement sans appel et souvent sans nuance.

La deuxième mesure est également protectrice. Les dettes souveraines sont trop importantes pour être l'enjeu de produits dérivés spéculatifs et opaques. Je suggère donc que les produits les plus emblématiques, les fameux CDS pour dettes souveraines, soient supprimés. Ces deux premières mesures reprennent des souhaits exprimés, qu'on s'en souvienne, au moment du lancement du G20. Quel dommage que l'on ait tant de mal à progresser dans des domaines qui ne sont ni si complexes, ni si conflictuels !

La troisième mesure porte sur les règles budgétaires à imposer aux pays de la zone euro. Différents chefs d'État l'ont souligné, il faut rendre ces règles intelligentes, c'est-à-dire contracycliques. Il faut être plus exigeant sur la limite des 3 % lorsque la croissance est vive, et évidemment plus souple dans le cas inverse. Là aussi, rien n'interdit d'être pragmatique et efficace !

La quatrième mesure s'impose plus que toutes. Parmi les nombreuses sottises qui ont été écrites sur l'éclatement de la zone euro, une seule vérité semble claire. On ne peut pas avoir de zone monétaire sans disposer d'une capacité à transférer des fonds à un pays qui se trouve en difficulté. On pourrait envisager un impôt européen destiné à ces transferts, par exemple une partie des TVA nationales. Le tout est d'avoir le niveau de financement qui rend les décisions crédibles.

Enfin, au moment où nous entrons sans doute dans une période de guerre des monnaies, il faut donner à la Banque centrale européenne la responsabilité explicite de la gestion extérieure de l'euro, qui s'impose puisqu'une partie de l'inflation potentielle est importée. Cela signifierait surtout que

nous pourrions nous donner les moyens
d'élaborer une véritable stratégie. Dans les
faits, la Banque centrale européenne joue ce
rôle, mais en droit, c'est le Conseil des mi-
nistres qui en a la charge. Or, dans ce domaine, la symbolique est majeure. La
Banque centrale européenne doit avoir
toutes les possibilités de défendre la seule
variable d'ajustement qui nous permettrait
d'éviter une stagnation prévisible dans les
années à venir. Cette cinquième mesure
vient compléter institutionnellement les
quatre autres propositions, plus proches de
la gestion quotidienne.

Ces cinq points sont indispensables pour
se préparer à un univers chaotique. Ils sont
même faciles à mettre en œuvre, pour peu
que l'on en ait la volonté politique.

Mais le vrai sujet, celui qui concerne
notre histoire à venir, est celui du projet
pour notre pays. Impossible aujourd'hui
d'en définir des contours précis, mais on
peut énoncer quelques règles d'urgence et
de priorité.

La cohésion sociale, c'est-à-dire la confiance, est la priorité absolue pour rendre possible un véritable rebond. La politique prioritaire est celle qui permet d'améliorer le seul véritable juge de paix qui existe : le taux de chômage en général, et plus précisément celui des jeunes et des plus âgés. Il n'y a pas de malédiction sur notre marché du travail, il y a des règles inadaptées, des politiques inefficaces, gaspilleuses d'argent et de moyens. Cela fait 40 ans qu'avec la meilleure volonté du monde, en dépit de gouvernements successifs, compétents et soucieux de faire baisser le chômage, nos résultats sont catastrophiques. Pourtant, on n'a pas manqué d'idées : on a essayé la baisse des charges du travail non qualifié, les emplois jeunes, on a débattu inlassablement du problème de la flexisécurité (compromis destiné à donner aux entreprises plus de flexibilité dans la gestion de leur main-d'œuvre et plus de sécurité aux salariés). On a réduit le temps de travail, on a systématisé les préretraites. Mais de tout cela, il n'est sorti que des chiffres de plus en plus décevants. C'est notre organisation, les règles qui régissent le marché du travail, la culture des entreprises, la faiblesse des syndicats, tout un ensemble de raisons qui concourent à ce gâchis inacceptable. Nous sommes champions toutes catégories du chômage des jeunes et nous n'avons pas notre pareil pour favoriser la sortie des seniors dès 58 ans... On mesure l'incroyable capacité de production qui est perdue. Qu'on ne dise pas que les emplois ne sont pas là, car comment font nos voisins qui ne sont ni plus talentueux ni plus travailleurs ?

La réponse est complexe. Il faudra créer les conditions d'un vrai contrat de travail unique, dont les droits associés seront progressivement augmentés au fur et à mesure que la carrière se poursuit. La confiance est d'abord celle qu'une jeune génération peut avoir en son avenir sur la base de contrats stables dans leur principe. Malgré son évidence, c'est une démarche révolutionnaire que personne jusqu'à maintenant n'a voulu assumer. C'est la première étape d'un nouvel équilibre : celui qui autorise à l'entreprise plus de souplesse pour mettre fin à un contrat tout en la faisant contribuer à la prise en charge de la formation et de la recherche d'emploi des salariés. On peut baptiser cette mesure comme on veut, flexi-sécurité, sécurité sociale professionnelle, modèle à la danoise… Quelle que soit la terminologie utilisée, c'est un premier acte fondateur.

Le deuxième concerne l'autre extrémité des générations. Il est clair que la possibilité d'être pris en charge par des allocations chômage à partir de 60 ans incite au départ des salariés de 57 ans. C'est un gigantesque gâchis qui met l'ambiguïté de l'âge de la retraite au cœur de l'équilibre social de notre pays. Il y a de multiples façons de résoudre le problème. Mais une chose est certaine, et chacun en est d'accord, la durée moyenne de travail doit s'accroître pour équilibrer nos comptes sociaux et favoriser notre croissance.

Voilà deux projets clés pour résoudre le clivage entre les générations qui traverse notre société.

La même logique devrait régir la réorganisation de notre fiscalité. Si l'on veut redonner vie à notre activité économique et investir notamment dans notre base productive, il faut rendre le système plus efficace, susciter l'épargne qui permet l'investissement, favoriser l'innovation. Autant d'objectifs qui peuvent sembler contradictoires. Il faut donc poser un cadre qui impose de nouveaux principes d'équité. La première étape consiste à baisser de façon sensible la fiscalité du travail par rapport à celle du capital. Il est absolument nécessaire d'instituer un impôt sur tous les citoyens français, où qu'ils résident et quelles que soient les difficultés juridiques – en nous inspirant de la fiscalité américaine... C'est ainsi que l'on pourra repenser la fiscalité du patrimoine et notamment supprimer l'impôt sur la fortune.

Il est vraisemblable qu'une réforme fiscale serait l'élément le plus important d'une relance de la croissance en France. Mais cela implique de distinguer, parmi des objectifs souvent contradictoires, ceux qui sont prioritaires de ceux qui ne le sont pas – et donc inutiles à prendre en compte dans la mise en œuvre d'une réforme.

Sur ce plan, la théorie et les économistes nous ont apporté quelques lumières mais moins qu'on ne l'aurait souhaité. En tout cas, un très récent rapport de l'OCDE[1] démontrait de manière convaincante le fait que les impôts ne sont évidemment pas neutres par rapport au rythme de croissance. L'impôt sur les sociétés est moins favorable que l'impôt sur le revenu, qui l'est moins que les impôts sur la consommation comme la TVA. On pouvait l'imaginer intuitivement, mais l'OCDE nous en apporte une démonstration rigoureuse. Encore faut-il transformer ces résultats en propositions réelles, compatibles avec le contrat social propre à chaque pays.

Si l'on analyse la fiscalité française, ô combien complexe, trois éléments frappent l'observateur : l'importance des cotisations sociales et le fait qu'elles sont financées majoritairement par les employeurs, le niveau de progressivité des prélèvements obligatoires pris dans leur globalité, qui est loin d'être aussi fort qu'on pourrait l'imaginer, et l'importance des impôts sur

---

1. OCDE 50, « Les recettes fiscales ont baissé dans les pays de l'OCDE », décembre 2010.

le patrimoine qui conduit certains à l'expatriation.

Tout ceci pourrait être modifié de manière à rendre le système plus équilibré. La priorité absolue d'une réforme fiscale doit être de s'adapter aux besoins de la croissance française dans cette phase où elle est très ralentie, incapable d'absorber les flux entrants sur le marché du travail, et où elle ne perçoit pas de manière claire les secteurs d'activité qui permettront de résoudre les problèmes de déséquilibre du marché de l'emploi dans les années qui viennent. Ces secteurs existent, mais il faut déterminer de manière précise ce qu'ils sont, et l'on peut concevoir sans peine que leur développement nécessite des investissements à long terme. C'est là que se situe le problème macro-économique majeur. Comment financer les 150 à 200 milliards d'euros nécessaires à ce redéploiement stratégique, sachant que ce financement ne peut venir ni des pouvoirs publics ni du système bancaire ? La réforme fiscale peut jouer ici un rôle primordial, en favorisant l'épargne de long terme et son investissement, à condition que nous surmontions l'aversion pour le risque qui caractérise une société comme la nôtre. Tel est l'enjeu de cette réforme difficile à réaliser mais indispensable.

Un projet doit être simple et compréhensible. Ce n'est pas l'objet de cet essai que de le proposer. L'idée était de repérer, au milieu du désordre actuel, des idées et des actions qui permettent à notre collectivité de retrouver des repères et une confiance en son avenir.

La France est une des dix puissances qui bâtiront le nouvel ordre mondial. À sa place, à son rang, ni plus ni moins. Mais rien ne permet de garantir aujourd'hui que nous arriverons à demeurer une puissance intermédiaire. Et pourtant, cela en vaut la peine : la puissance intermédiaire restera au cœur de l'Histoire qui se fait parce qu'elle est le maillon déterminant de toutes les négociations. Il existe quelques leviers, sûrement une nouvelle organisation du marché du travail, une fiscalité refondue et une coopération renouvelée dans le cadre européen.

Il faudra bien calmer les tensions inhérentes à la période. Il faut pour cela une dimension militaire, diplomatique, culturelle et économique qui dépasse ses propres frontières. Le statut de puissance intermédiaire se mérite, c'est un défi à relever. Pour cela il faut agir vite. Tout dépend de nous, de chacun d'entre nous.

Remerciements

En écrivant cet essai, j'avais peur de céder, d'abord et avant tout, à la nostalgie. Et puis j'ai eu la chance de pouvoir en discuter à de multiples reprises avec de véritables compagnons de réflexion. Trois jeunes normaliens : François-Xavier Demoures, Valentin Chemery et Frédérique Célérier, qui allient finesse de l'esprit et culture formidable. Merci à eux de m'avoir confirmé dans le désir de l'écrire, et d'avoir pris le risque de l'optimisme.

Merci aussi à Hélène Clément, Erik Orsenna, Michel Sauzay et Hubert Védrine.

TABLE

Dans la même collection